COLLECTION

DES

Meilleurs Romans

Français et Étrangers.

Paris,

CHEZ DAUTHEREAU, LIBRAIRE,

GRANDE COUR DU PALAIS-ROYAL, CÔTÉ DU THÉATRE FRANÇAIS.

1827. — JEUDI, 22 NOVEMBRE.

DANIEL FOE.

IMPRIMERIE DE FIRMIN DIDOT,
RUE JACOB, N° 24.

LES AVENTURES

DE

ROBINSON CRUSOÉ.

Tome Troisième.

À PARIS,

CHEZ DAUTHEREAU, LIBRAIRE,

GRANDE COUR DU PALAIS-ROYAL, CÔTÉ DU THÉATRE-FRANÇAIS.

1827.

ROBINSON CRUSOÉ.

Après avoir lutté trente-cinq ans contre une variété de malheurs dont les exemples sont fort rares, j'avais joui pendant sept années de tout ce que l'abondance et la tranquillité du corps et de l'esprit ont de plus agréable; mon âge était déja fort avancé, et j'avais appris, par une longue expérience, que rien n'est plus propre à rendre l'homme heureux que la médiocrité. Qui n'eût cru que, dans cette douce situation, le goût né avec moi pour les voyages et pour les aventures se serait évanoui avec le feu de la jeunesse, et qu'à l'âge de soixante-un ans je me trouverais exempt de tout désir de m'éloigner de mon pays?

Le motif qui détermine ordinairement à ce parti ne pouvait plus avoir d'influence sur moi:

il ne s'agissait plus de faire fortune, car j'étais dans un état où je ne pouvais me croire plus riche par l'acquisition d'une centaine de mille livres; j'avais du bien suffisamment pour moi et pour mes héritiers; il s'augmentait même de jour en jour, car, ma famille étant peu nombreuse, je ne pouvais dépenser mes revenus, à moins de mener un train au-dessus de ma condition, et de m'embarrasser d'équipages, de domestiques, et d'autres ridicules magnificences, dont j'avais à peine une idée, bien loin d'en faire les objets de mon inclination. Ainsi, le seul parti qu'un homme sage aurait pris à ma place eût été de jouir paisiblement des présents de la Providence, et de s'abandonner à la satisfaction de les voir s'accroître dans ses mains.

Ces considérations n'eurent pas la force nécessaire pour me faire résister long-temps au besoin de parcourir le Nouveau-Monde. C'était une véritable maladie; je désirais surtout revoir mon île, mes plantations; le souvenir de la colonie que j'y avais laissée ne me permettait pas un moment de repos: c'était l'unique sujet de mes pensées pendant le jour, et de mes rêves pendant la nuit.

Le vif souvenir qu'on a quelquefois de ses amis et de leurs discours saisit l'imagination d'une telle manière, dans certaines circonstances, qu'on croit les voir réellement, leur parler, et entendre leurs réponses ; c'est ainsi que le cerveau frappé peut prendre l'ombre pour la réalité même. Telle est sans doute la cause pour laquelle j'étais la dupe de mon imagination, au point que quelquefois je pensais être véritablement devant mon château, entouré de mes fortifications, et voir distinctement mon Espagnol, le père de Vendredi, et les Anglais que j'avais laissés maîtres de mes domaines. Je dis plus, je parlais souvent à ces personnages chimériques, et, quoique éveillé, je les regardais fixement comme des gens qui eussent été réellement devant mes yeux. L'illusion allait quelquefois si loin, que ces images fantastiques me jetaient dans des frayeurs réelles. Je rêvais une nuit que l'Espagnol et le vieux sauvage me faisaient la relation détaillée de plusieurs trahisons des trois principaux rebelles anglais, et que, sensible à ces accusations, je condamnais ces scélérats à la mort. On verra plus tard ce qu'il y avait de vrai dans cette vision ; quelle que fût la cause qui l'offrit à mon imagination, elle n'approchait que trop de la vérité, quoiqu'elle ne fût pas absolument vraie.

Je vécus plusieurs années dans cette situation, sans y trouver le moindre agrément, le moindre plaisir, à moins qu'elle n'eût quelque rapport avec mon bizarre penchant. Mon épouse, voyant avec quelle impétuosité toutes mes idées se portaient vers des projets si déraisonnables, me dit une nuit qu'apparemment ces mouvements irrésistibles venaient de la Providence, qui avait décidé mon retour dans cette île, et qu'elle ne voyait rien qui pût m'en détourner que ma tendresse pour elle et pour mes enfants; qu'elle était sûre que, si elle venait à mourir, je prendrais ce parti sans balancer; mais que, si la chose était déterminée dans le ciel, elle serait au désespoir d'y mettre un obstacle elle seule.

« Si vous y êtes résolu, ajouta-t-elle, plutôt que de vous en détourner, je suis prête à vous accompagner; quoique je trouve ce parti incompatible avec votre âge, et mal assorti à l'état de votre fortune, si la chose doit être absolument, je ne saurais vous abandonner; si ce désir violent vous vient du ciel, vous ne sauriez y résister sans manquer à votre devoir; mais je manquerais au mien si je ne prenais le parti de vous suivre. »

Ces tendres paroles de ma femme dissipèrent un peu mes chimères, et me firent réfléchir d'une manière plus calme sur la nature de mon dessein : je me mis devant les yeux tout ce qu'il y aurait d'extravagant pour un homme de mon âge de se précipiter de nouveau, sans aucun motif plausible, dans les hasards d'où j'étais sorti si heureusement, et dans des malheurs qu'avait suivis une vie parfaitement heureuse, pourvu que moi-même je voulusse bien n'y pas répandre de l'amertume.

Après avoir lutté long-temps contre mon imagination, j'en devins le maître; je réussis peu à peu à me tranquilliser : mais ce qui contribua le plus à cet heureux retour sur moi-même, c'est le dessein que je pris de me créer de l'occupation, et de chercher quelques affaires qui m'ôtassent le loisir d'abandonner mon imagination à ces idées capricieuses; car je m'étais aperçu que mon cerveau n'en était rempli que quand je me trouvais dans l'oisiveté, et que je ne savais comment exercer l'activité naturelle de mon esprit.

J'achetai une métairie dans le comté de Bedford, avec le dessein de m'y retirer; la maison était jolie, et les terres d'alentour très-susceptibles d'améliorations. Rien ne me convenait mieux, puisque naturellement j'avais beaucoup de goût pour l'agriculture et pour tous les soins qu'exige l'accroissement des revenus d'une terre. Cette maison de campagne était éloignée de la mer; ce qui m'empêchait de renouveler mes folies par le commerce avec les marins, et par le récit de tout ce qui regardait les pays lointains. Je m'y établis moi et ma famille; j'achetai des charrues et tout ce qu'il faut pour cultiver les terres; je me fournis de charrettes, d'un chariot, de chevaux, de vaches, de brebis, et me mettant à travailler avec application, je me vis en six mois de temps un véritable gentilhomme campagnard. Je m'appliquai tout entier à diriger mes laboureurs, à planter, à faire des enclos, et je crus mener la vie la plus fortunée que la nature puisse offrir à un homme qui, après de longs malheurs, cherche un asile contre de nouvelles infortunes.

Je cultivais mon propre domaine, et je n'avais point de rentes à payer ; j'étais le maître de planter, d'arracher, de bâtir, d'abattre, comme je le trouvais à propos : tout ce que je recueillais était pour moi, et toutes mes améliorations pour le bien de ma postérité. Je ne songeais plus à reprendre le cours de ma vie errante, et, me trouvant exempt de tout chagrin, je croyais véritablement avoir atteint cette heureuse médiocrité dont mon père m'avait si souvent fait l'éloge, lorsque je fus troublé par un coup imprévu, dont le funeste effet était sans remède, et dont les conséquences me replongèrent plus profondément que jamais dans mes chimères. Le coup dont je parle fut la perte de mon épouse.

Mon but n'est pas ici de tracer son panégyrique, d'entrer dans le détail de ses bonnes qualités, et de faire la cour au beau sexe en composant une harangue à l'honneur de ma femme. Je dirai seulement qu'elle était le soutien de toutes mes affaires, le centre de tous mes projets, l'auteur de toute ma félicité, puisque par sa prudence elle m'avait détourné de l'exécution de mes desseins irréfléchis. Ses tendres discours avaient fait sur moi plus d'impression que jadis les larmes d'une tendre mère, les sages préceptes d'un père éclairé, et les prudents conseils de mes amis n'auraient été capables d'en faire sur mon esprit. Je m'étais félicité mille fois de m'être laissé gagner par sa douceur et par son attachement : sa mort me laissait comme un homme déplacé dans le monde, privé de tout secours et de toute consolation.

Dans ce triste état, je me voyais aussi étranger au sein de ma patrie que je l'étais au Brésil lorsque j'y abordai; environné de domestiques, je me trouvais presque aussi seul que je l'avais été dans mon île. Je ne savais quel parti prendre; je voyais autour de moi tous les hommes occupés, les uns à gagner leur vie par le travail le plus rude, les autres enivrés de ridicules vanités, ou plongés dans les vices les plus honteux, sans atteindre les uns ni les autres au bonheur, que tout le monde se propose pour unique but. Je voyais les riches tomber dans le dégoût du plaisir par l'habitude de s'y livrer, et s'amasser par leurs débauches un trésor fatal de douleurs et de remords ; je voyais le pauvre employer toutes ses forces pour gagner de quoi se soutenir, et, roulant dans un cercle perpétuel de peines et d'inquiétudes, ne travailler que pour vivre, et ne vivre que pour travailler.

Ces réflexions me rappelèrent vivement la vie que j'avais menée autrefois dans mon petit royaume, où je ne semais qu'autant de blé qu'il m'en fallait pour un an, et où je ne daignais point former de grands troupeaux, parce qu'ils m'étaient inutiles pour ma nourriture ; enfin, où je laissai se rouiller l'argent, sans l'honorer d'un seul de mes regards, pendant plus de vingt années.

Avec ma femme j'avais perdu mon guide ;

j'étais comme un vaisseau sans gouvernail que les vents agitent à leur gré: mon imagination s'ouvrait de nouveau aux courses et aux aventures; tous mes amusements, mes terres, mon jardin, ma famille, mon bétail, qui m'avaient procuré une occupation si satisfaisante, n'avaient plus de charmes pour moi. C'était de la musique pour un homme privé du sens de l'ouïe, des aliments pour un malade sans appétit. Cette triste insensibilité pour tout ce qui m'avait procuré quelque temps auparavant les plus doux plaisirs, me fit prendre le parti d'abandonner la campagne et de retourner à Londres.

Le même ennui m'y accompagna : n'ayant aucune affaire, je courais çà et là, sans dessein, comme un homme désœuvré, absolument inutile parmi tous les êtres créés, et dont la vie et la mort devaient être également indifférentes aux autres hommes.

C'était, de toutes les situations de la vie humaine, celle pour laquelle j'avais le plus d'aversion, accoutumé comme je l'étais dès ma plus tendre jeunesse à une vie active. A mon avis, les paresseux sont l'opprobre du genre humain ; aussi je croyais ma conduite présente infiniment moins conforme à ma destination naturelle, que celle que j'avais tenue dans mon île, en employant un mois entier pour faire une planche.

Au commencement de l'année 1693, celui de mes neveux que j'avais élevé pour la mer, et à qui j'avais donné un vaisseau à commander, revint d'un petit voyage qu'il avait fait à Bilbao, le premier qu'il eût entrepris en qualité de maître. M'étant venu voir, il me dit que des marchands lui avaient proposé de faire pour eux un voyage dans les Indes et à la Chine. « Eh bien ! mon oncle, dit-il, feriez-vous si mal de venir avec moi ? Je vous promets de vous procurer le plaisir de revoir votre île, car j'ai ordre de toucher au Brésil. »

Il ignorait parfaitement jusqu'à quel point mon penchant de courir le monde s'était ranimé, et je ne savais rien de mon côté de sa nouvelle entreprise. Cependant, le même matin, sans que je m'attendisse à sa visite, je m'étais occupé à comparer mes désirs avec la condition où je me trouvais, et j'avais pris à la fin la résolution que voici : Je voulais aller à Lisbonne pour consulter mon vieux capitaine portugais sur mes desseins; et, s'il les trouvait sensés et praticables, mon intention était de m'assurer d'une patente qui me permît de peupler mon île, et d'y emmener avec moi une colonie. A peine étais-je fixé à cette pensée, que voilà précisément mon neveu qui entre, et me propose de l'y accompagner.

Sa proposition me jeta d'abord dans une profonde rêverie, et après l'avoir regardé attentivement pendant une minute: « Qui vous envoie ici, lui dis-je, pour m'inspirer cette idée malheureuse? » Il parut d'abord fort étonné de ces paroles; mais s'apercevant néanmoins que je n'avais pas un grand éloignement pour ce projet, il se remit. « Ma proposition, dit-il, est-elle donc si fort à rejeter? Il est assez naturel, ce me semble, que vous souhaitiez de revoir vos petits états, où vous avez régné autrefois avec plus de félicité que n'en goûtent aujourd'hui vos frères les autres monarques. »

Le projet répondait avec tant de justesse à la

disposition de mon esprit, que j'y consentis, et je lui dis que, s'il s'accordait avec ses marchands relativement à ses voyages, j'étais décidé à le suivre, pourvu que je ne fusse pas obligé d'aller plus loin que mon île. « J'espère, me dit-il, que vous n'avez pas envie d'y rester pour y vivre de nouveau à votre ancienne manière. — Ne pouvez-vous pas, lui répondis-je, me reprendre en revenant des Indes ? » Il me répliqua qu'il n'y avait pas d'apparence que ses marchands lui permissent de faire un si long détour avec un vaisseau chargé : « d'ailleurs, continua-t-il, si j'avais le malheur de faire naufrage, vous seriez précisément dans la triste situation d'où vous vous êtes tiré avec tant de bonheur. »

Il y avait beaucoup de bon sens dans cette objection ; mais nous trouvâmes un moyen pour remédier à cet inconvénient : ce fut d'embarquer avec nous toutes les pièces servant à former une grande chaloupe, et quelques charpentiers qui pussent, en cas de besoin, les joindre ensemble, et leur donner la dernière main dans l'île, ce qui me faciliterait les moyens de passer de là sur le continent.

Je ne fus pas long-temps à prendre ma dernière résolution; car les importunités de mon neveu répondaient si bien à mon inclination, qu'aucun motif au monde ne fut capable de la contre-balancer. D'un autre côté, ma femme étant morte, il n'y avait personne qui s'intéressât assez à mes affaires pour me détourner de ce dessein, excepté ma vieille veuve, qui s'efforça de m'arrêter par la considération de mon âge, de ma fortune, de l'inutilité d'un voyage si dangereux, et surtout par l'intérêt de mes enfants. Mais tous ses discours ne servirent de rien; je lui dis que mon désir de voyager était invincible, et que les impressions qu'il faisait sur mon esprit étaient si peu communes, que, si je restais chez moi, je croirais désobéir aux ordres de la Providence. Me voyant tellement affermi dans ma résolution, elle mit non-seulement fin à ses conseils, mais elle me donna toutes sortes de secours pour faire mes préparatifs et mes provisions, afin de régler mes affaires de famille et l'éducation de mes enfants.

De peur de rien négliger à cet égard, je fis mon testament, et laissai mes biens en de si bonnes mains, que j'étais persuadé que mes enfants ne perdraient rien de ce côté-là, quelque accident qui pût m'arriver; et pour la manière de les élever, je m'en remis entièrement à ma bonne veuve, à qui je destinai en même temps un petit revenu suffisant pour qu'elle vécût à son aise. J'ai vu dans la suite que jamais bienfait ne fut mieux employé; qu'une mère ne pouvait avoir des soins plus tendres pour ses propres enfants, et qu'il était impossible de se conduire avec plus de prudence. Cette bonne dame vécut assez long-temps pour me voir de retour, et pour sentir de nouveau les effets de ma reconnaissance.

Mon neveu fut prêt à mettre à la voile au commencement de janvier 1694, et je m'embarquai avec mon fidèle Vendredi dans les Dunes (1) le 18, ayant avec moi, outre ma chaloupe démontée, une cargaison considérable de toutes sortes de choses nécessaires à ma colonie, avec le dessein de tout garder dans le

(1) Grande rade sur les côtes orientales d'Angleterre, dans le comté de Kent.

vaisseau, si je ne trouvais pas mes sujets dans des dispositions convenables.

Premièrement, j'avais avec moi plusieurs valets, que mon intention était de laisser dans l'île, et d'y faire travailler pour mon compte pendant mon séjour, en leur permettant d'y rester ou de me suivre quand je prendrais le parti d'en sortir. Il y avait parmi eux deux charpentiers, un serrurier et un autre garçon fort ingénieux, tonnelier de son métier, qui était un machiniste universel. Il excellait à faire des roues et des moulins à bras pour moudre le blé ; de plus, il était tourneur et potier, et capable de fabriquer dans la perfection toutes sortes d'ouvrages en bois ou en terre ; en un mot, il méritait fort bien le nom de *Factotum*, que nous lui donnâmes.

Je menais encore avec moi un tailleur, qui, s'étant offert pour aller aux Indes à la suite de mon neveu en qualité de passager, consentit ensuite à s'établir dans ma colonie. C'était un garçon fort adroit, et que je trouvai, dans l'occasion, d'un grand service, par rapport à plusieurs choses même éloignées de son métier.

Ma cargaison consistait en une grande quantité de toiles et de petites étoffes minces propres à habiller les Espagnols, que je m'attendais à trouver dans mon île; il y en avait assez, selon mon calcul, pour les tenir bien vêtus pendant sept ans. Si l'on y ajoute tous les autres objets nécessaires à les couvrir, comme gants, chapeaux, souliers, bas, il y en avait environ pour trois cents livres sterling, y compris tout ce qu'il fallait pour des lits, la batterie de cuisine, pots, chaudrons, et du cuivre pour en faire un plus grand nombre. J'y avais joint à peu près cent livres pesant de fer travaillé, comme clous, outils de toute espèce, crochets, gonds, serrures, etc.

Je ne dois pas oublier une centaine d'armes à feu de réserve, mousquets, fusils, pistolets, beaucoup de plomb de tout calibre, et deux pièces de canon de bronze. Comme il m'était impossible de prévoir les dangers auxquels ma colonie pouvait être exposée un jour, j'avais encore chargé le vaisseau d'une centaine de barils de poudre à canon, d'épées, de sabres, et de plusieurs fers de piques et de hallebardes.

Je priai de plus mon neveu de prendre avec lui deux petits canons de tillac de plus que le nombre qu'il lui en fallait, afin de les laisser dans l'île s'il était nécessaire d'y bâtir un fort et de la mettre en défense contre quelque ennemi. Cette précaution n'était pas inutile, comme j'eus lieu de le penser en arrivant, et l'on verra par la suite de cette histoire qu'il n'en fallait pas moins pour se maintenir dans la possession de l'île.

Ce voyage réussit beaucoup mieux que les autres que j'avais faits sur mer; cependant nous eûmes d'abord des vents contraires, et quelques autres contre-temps, qui firent durer le voyage plus que je n'avais espéré. Mon voyage de Guinée avait été jusque-là l'unique dont je fusse revenu comme je l'avais projeté, ce qui me fit croire que je serais toujours malheureux dans mes courses : ma destinée était de n'être jamais content à terre, et de rencontrer toujours des obstacles en mer.

Les vents contraires nous poussèrent au commencement vers le nord, nous forcèrent à entrer dans le port de Gollowart en Irlande, et nous y retinrent pendant vingt-trois jours; mais nous avions cet agrément, que les vivres y étaient en abondance et à bon marché; de sorte que, bien loin de diminuer nos provisions, nous eûmes occasion de les augmenter. Je fis embarquer plusieurs cochons, des veaux et deux vaches, que j'avais dessein, si nous avions un heureux passage, de débarquer dans mon île; mais je fus obligé d'en disposer autrement.

Nous remîmes à la voile le 5 de février avec un vent frais qui dura pendant plusieurs jours, sans aucune mauvaise rencontre, excepté un accident qui vaut bien la peine d'être rapporté dans toutes ses circonstances. Le soir du 20 février, le matelot qui était en sentinelle vint nous dire qu'il avait vu de loin un éclat de lumière suivi d'un coup de canon; et, immédiatement après, un mousse annonça que le bosseman en avait entendu un second. Nous montâmes aussitôt sur le tillac, où, pendant quelques moments, nous n'entendîmes rien; mais, peu de minutes après, nous découvrîmes une grande lumière, et nous conjecturâmes que c'était celle d'un incendie.

Nous eûmes d'abord recours à notre estime, qui nous fit convenir unanimement qu'il ne pouvait y avoir de ce côté aucune terre à moins de cinq cents lieues de distance; car cette lumière paraissait à l'ouest-nord-ouest de nous: d'où nous conclûmes que le feu devait avoir pris à quelque vaisseau; les coups de canon qu'on venait d'entendre nous persuadèrent que nous ne pouvions en être loin, et nous étions sûrs qu'en suivant notre route nous en approchions, parce que de moment à autre la flamme nous paraissait plus grande. Cependant, le temps se trouvant d'abord nébuleux, nous ne pûmes rien voir que du feu; mais, une demi-heure après, poussés par un vent favorable, quoique assez faible, et le temps s'étant un peu éclairci, nous aperçûmes distinctement un grand vaisseau dévoré par le feu au milieu de la mer.

Je fus sensiblement touché de ce triste spectacle, quoique rien ne m'attachât aux personnes qui étaient en péril que les liens ordinaires de l'humanité. Ces sentiments de compassion furent vivement excités en moi par le souvenir de l'état où j'étais lorsque le capitaine portugais me recueillit à son bord au milieu de l'Océan; état qui n'était pas, à beaucoup près, aussi déplorable que la situation où devaient se trouver les malheureux qui montaient ce vaisseau, s'il n'y avait aucun autre bâtiment qui allât avec eux de conserve. J'ordonnai qu'on fît feu de cinq canons, l'un immédiatement après l'autre, afin de leur apprendre qu'il y avait à peu de distance un navire prêt à les secourir, et qu'ils redoublassent d'efforts pour se sauver de notre côté dans la chaloupe; car, bien que nous pussions voir leur vaisseau éclairé par la flamme, il leur était impossible de nous apercevoir, à cause de l'obscurité de la nuit.

Nous mîmes à la cape pendant quelque temps, et, en attendant le jour, nous laissâmes aller le vaisseau du côté où nous découvrîmes le bâtiment embrasé; mais, pendant cette manœuvre, nous vîmes avec une grande frayeur, quoique nous eussions lieu de nous y attendre, le navire sauter en l'air, et quelques moments après le feu s'éteindre tout-à-coup, parce que sans doute le reste du vaisseau était allé à fond. C'était un spectacle terrible et affligeant, surtout par la pitié qu'il nous inspira pour les malheureux qui devaient être détruits par les flammes, ou bien errer avec leur chaloupe sur le vaste Océan. Les ténèbres ne nous permettant pas d'en juger, la prudence voulait que je supposasse le second cas; et, pour les guider du mieux qu'il nous était possible, je fis descendre des lanternes sur tous les côtés du vaisseau, et tirer le canon durant toute la nuit, afin de leur faire connaître qu'ils n'étaient pas loin de nous.

Le lendemain, à huit heures environ, nous découvrîmes, par le moyen de nos lunettes d'approche, deux chaloupes surchargées de monde, et nous aperçûmes que ces infortunés, ayant le vent contraire, ramaient de toutes leurs forces, et que, nous ayant vus, ils multipliaient les signaux pour diriger nos regards vers eux.

Nous leur donnâmes à notre tour le signal

ordinaire de venir à bord, et en même temps nous fîmes plus de voiles pour nous mettre plus à portée. En moins d'une demi-heure nous les joignîmes et les fîmes tous entrer dans le vaisseau. Ils étaient pour le moins soixante, tant hommes que femmes et petits enfants; car il y avait parmi eux plusieurs passagers.

Nous apprîmes que le vaisseau incendié était de trois cents tonneaux, allant de Québec dans la rivière de Canada, vers la France, et le maître nous raconta en détail toutes les particularités de ce désastre.

Le feu avait commencé par l'imprudence du timonier, dans la gésole ou cabinet où l'on met la boussole, les chandelles, etc. Tout le monde étant accouru au secours, on l'avait cru absolument éteint; mais on ne tarda guère à s'apercevoir que des étincelles étaient tombées dans certains endroits du vaisseau où il était impossible d'atteindre. De là le feu avait gagné la quille, d'où il s'était répandu par tout le corps du bâtiment avec une telle violence, que ni le travail ni l'industrie n'avaient été capables de le maîtriser. Le seul parti qui leur était resté à prendre, avait été d'abandonner le navire; par bonheur ils avaient deux chaloupes assez grandes, et un petit esquif, qui ne leur avait servi jusqu'alors qu'à mettre des provisions et de l'eau fraîche. Dans cette situation, toute leur consolation était d'avoir échappé au feu, sans pouvoir espérer raisonnablement de se sauver, étant à une si grande distance de terre. Le seul bonheur dont ils pouvaient se flatter était de trouver quelque bâtiment en mer qui voulût bien les recueillir sur son bord. Ils avaient des voiles, des rames, une boussole, et ils se préparaient à retourner vers Terre-Neuve avec un vent favorable; toute la provision qu'ils avaient aurait à peine suffi pour les empêcher de mourir de faim pendant douze jours, durant lesquels, s'ils avaient le vent favorable, ils espéraient arriver jusqu'au banc, et s'y soutenir par le moyen de la pêche, jusqu'à ce qu'ils pussent venir à terre; mais ils avaient à craindre tant de hasards, de tempêtes, de vents contraires, de pluies capables de les engloutir, qu'ils ne pouvaient espérer de se sauver que par une espèce de miracle.

Au milieu de leurs délibérations, et lorsqu'ils étaient presque tous désespérés, ils avaient entendu avec une joie inexprimable un coup de canon suivi de quatre autres; leur courage en avait été vivement ranimé, et, suivant mon intention, ils avaient compris par là qu'ils étaient à la portée d'un vaisseau qui leur offrait du secours. Ils avaient aussitôt mis bas les mâts et leurs voiles, parce que le vent ne leur permettait pas de nous approcher, et quelque temps après, leurs espérances avaient été redoublées par la vue de nos lumières et par nos coups de canon qui se succédèrent par intervalles pendant toute la nuit; ils avaient tiré aussi trois coups de mousquet, mais nous ne les avions pas entendus à cause du vent contraire. Ils avaient mis leurs rames à l'eau pour s'empêcher du moins d'être emportés par les vents, afin que nous pussions les approcher plus facilement. A la fin ils s'étaient aperçus, avec une satisfaction inexprimable, que nous les avions en vue.

Il m'est impossible de dépeindre les gesticulations surprenantes, les extases et les postures variées avec lesquelles ces malheureux exprimaient la joie qu'ils ressentaient d'une délivrance si peu attendue.

Quelques-uns étaient noyés de larmes; d'autres, furieux, déchiraient leurs habits, comme s'ils eussent été dans le plus grand désespoir. Les uns paraissaient fous à lier, couraient çà et là, frappaient du pied et se tordaient les mains; les autres dansaient, chantaient, faisaient des éclats de rire et poussaient des cris de joie. Ceux-ci étaient tout stupéfaits, étourdis et incapables de prononcer une parole : ceux-là étaient malades, et semblaient près de tomber en faiblesse; enfin le plus petit nombre remerciaient Dieu de leur délivrance.

Il se peut bien que leur tempérament contribuât à l'excès de leurs transports; c'étaient des Français, peuple plus vif, plus passionné et plus propre que tout autre à se porter aux extrêmes.

Il y avait deux prêtres parmi ces malheureux, l'un encore jeune, l'autre avancé en âge, et, ce qu'il y a de plus surprenant, le plus vieux était le moins sage. Dès qu'il mit le pied sur le bord de notre vaisseau, il tomba tout raide comme s'il était mort. Notre chirurgien mit d'abord en usage les remèdes propres à le faire revenir à lui, étant le seul dans le vaisseau qui lui crût encore un souffle de vie; après lui avoir frotté les bras, il le saigna. Le sang ne coula d'abord que goutte à goutte; mais il sortit ensuite avec plus de liberté. Trois minutes après, le vieillard ouvrit les yeux, et en un quart d'heure de temps il parla et fut entièrement rétabli. Dès que le sang fut arrêté, il se mit à se promener, en nous assurant qu'il se portait bien, et le chirurgien jugea qu'il était à propos de lui donner un verre de liqueur cordiale. Après un quart d'heure d'intervalle, quelques Français vinrent dans la chambre où le chirurgien était occupé à saigner une femme, disant que le prêtre avait absolument perdu l'esprit; peut-être qu'ayant réfléchi avec trop d'attention sur le changement subit de son état, cette réflexion l'avait jeté dans une nouvelle extase de joie. Le chirurgien ne trouva pas convenable de renouveler la saignée; mais il lui donna quelque substance pour l'assoupir, ce qui opéra quelque temps après, et le lendemain il s'éveilla également sain de corps et d'esprit.

Le jeune prêtre modéra ses passions avec une grande fermeté, et nous donna le véritable modèle d'un esprit sensé et maître de lui-même. Dès qu'il fut à notre bord, il se prosterna pour rendre graces à Dieu de son heureuse délivrance ; je fus assez malheureux pour le troubler dans cette louable action, le croyant évanoui. Alors il leva la tête pour me dire d'un air fort tranquille qu'il était occupé à témoigner sa reconnaissance à Dieu : « Je vous conjure, ajouta-t-il, de me permettre de continuer encore quelques moments; j'aurai l'honneur ensuite de vous remercier comme celui à qui, après le ciel, je suis redevable de la vie. » J'étais très-mortifié de l'avoir interrompu, et non-seulement je le laissai en repos, mais j'empêchai les autres de le troubler dans sa dévotion.

Après être demeuré dans cette posture pendant quelques minutes, il vint me joindre, et d'une manière tendre et grave en même temps, les yeux pleins de larmes, il me remercia, et rendit graces à Dieu de s'être servi de moi pour sauver la vie à tant de misérables. Je lui répondis que j'étais charmé de lui avoir donné cette occasion de marquer sa reconnaissance envers le ciel, que je n'avais rien fait que ce que la raison et l'humanité doivent inspirer à tous les hommes, et que je croyais devoir de mon côté remercier le Seigneur de ce qu'il s'était servi de moi pour conserver à tant de créatures la vie qu'elles lui devaient.

Après cette conversation, cet homme de bien fit tous ses efforts pour calmer les passions de ses compatriotes par des exhortations, des prières, des raisonnements, enfin par tout ce qui était capable de leur faire renfermer leur joie dans les bornes de la modération. Il réussit assez bien avec quelques-uns, mais la plupart ne se possédaient pas assez pour profiter de ses leçons.

Nous fûmes un peu dérangés le premier jour par les transports de nos hôtes; mais, après leur avoir donné les logements que notre vaisseau était en état de fournir, et lorsqu'ils eurent dormi, nous les vîmes tout autres.

Ils nous prodiguèrent toutes les marques de reconnaissance que les sentiments et la politesse sont capables de dicter. Le capitaine et un des religieux me vinrent voir le lendemain pour me dire qu'ils souhaitaient de me parler, ainsi qu'à mon neveu,, afin de nous consulter sur leur sort. Dès que mon neveu fut venu, ils commencèrent par nous dire que tout ce qu'ils avaient au monde n'était pas capable de nous récompenser du service important que nous leur avions rendu. Le capitaine prit alors la parole, et me dit qu'ils avaient sauvé de l'argent, qu'ils avaient dans leurs chaloupes d'autres choses de prix arrachées des flammes à la hâte, et qu'ils avaient ordre de nous offrir tout, si nous voulions bien l'accepter; qu'ils nous conjuraient seulement de les mettre à terre en quelque endroit d'où il leur fût possible de gagner la France.

Mon neveu parut d'abord assez porté à recevoir leurs présents, quitte à examiner ensuite ce qu'il pourrait faire en leur faveur; mais j'eus assez de pouvoir sur lui pour l'en détourner, sachant ce que c'est que d'être abandonné dans un pays étranger sans argent. Je me ressouvins que, si le capitaine portugais en eût usé de cette manière avec moi, et m'avait fait acheter ses services de tout ce que je possédais au monde, je serais mort de faim, à moins que de rentrer dans un esclavage pareil à celui que j'avais souffert en Barbarie, et peut-être pire.

Je répondis au capitaine français que, si nous l'avions secouru lui et les siens dans le malheur, nous n'avions fait que ce que l'humanité exigeait que nous fissions pour notre prochain, et que nous souhaitions qu'on fît de même pour nous en pareille extrémité. « Nous sommes persuadés, lui dis-je, que vous nous auriez donné la même assistance si vous aviez été dans notre situation et nous dans la vôtre, et que vous nous l'auriez donnée sans aucune vue d'intérêt. Nous vous avons pris sur notre bord, monsieur, poursuivis-je, pour vous sauver, non pour jouir de vos dépouilles, et je ne trouverais rien de plus barbare que de vous mettre à terre après vous avoir pris les misérables restes que vous avez arrachés aux flammes : ce serait vous avoir conservé la vie pour vous immoler ensuite nous-mêmes ; ce serait vous avoir empêchés de vous noyer pour vous faire mourir de faim : ne croyez donc pas que je permette qu'on accepte la moindre chose de ce que la reconnaissance vous porte à nous offrir. Pour ce qui regarde le parti que vous nous proposez de vous mettre à terre, la chose est d'une grande difficulté. Notre vaisseau est destiné pour les Indes orientales, quoique nous nous soyons détournés considérablement de notre course du côté de l'ouest, dirigés sans doute par la Providence pour vous tirer d'un danger si terrible. Nous ne sommes pas les maîtres de changer notre route de propos délibéré pour l'amour de vous ; mon neveu le capitaine ne pourrait se justifier devant les propriétaires avec lesquels il s'est engagé à continuer son voyage, après avoir touché au Brésil. Tout ce qu'il nous est possible de faire pour vous, c'est de diriger notre route du côté où nous pouvons nous attendre à rencontrer des navires qui reviennent des Indes occidentales, et de vous procurer par là le moyen de passer en Angleterre ou en France. »

La première partie de ma réponse était si pleine d'humanité et de générosité même, que ces messieurs ne pouvaient qu'en être extrêmement satisfaits; mais il n'en était pas ainsi quant au reste, et les passagers surtout craignaient d'être obligés d'aller avec nous jusqu'aux Indes orientales. Ils me conjurèrent, puisque nous étions tellement dérivés du côté de l'ouest avant que de les rencontrer, d'avoir du moins la bonté de suivre le même cours jusqu'au banc de Terre-Neuve, où peut-être ils pourraient louer quelque bâtiment pour retourner au Canada, d'où ils étaient partis.

Je trouvais cette proposition raisonnable, et j'étais fort porté à la leur accorder : je considérais que de traîner tout cet équipage jusqu'aux Indes ne serait pas seulement un parti triste et insupportable pour eux, mais qu'il pourrait entièrement ruiner notre voyage, en faisant une brèche irréparable à nos provisions de bouche. Je ne croyais pas d'ailleurs enfreindre le contrat que mon neveu avait fait avec ses marchands en me prêtant à un accident imprévu. Certes les lois de la nature ne pouvaient nous permettre d'abandonner à une mort presque inévitable un si grand nombre d'hommes; et puisque nous les avions pris à notre bord, nous ne pouvions nous dispenser de les mettre quelque part à terre. Je consentis donc à suivre notre route comme ils le souhaitaient, et si les vents rendaient la chose impossible, je leur promis de les débarquer à la Martinique.

Le temps continuait à être beau; mais il régnait un vent assez vigoureux, qui resta quelques jours entre le nord-est et le sud-est, ce qui nous fit manquer plusieurs occasions d'envoyer nos gens en Europe. Nous rencontrâmes, il est vrai, plusieurs vaisseaux destinés pour cette partie du monde; mais ils avaient lutté si long-temps avec les vents contraires, qu'ils n'osèrent se charger de passagers, de peur de mourir de faim tous ensemble. De cette manière nous fûmes forcés de pousser notre voyage jusqu'à ce que nous arrivâmes au banc de Terre-Neuve, après une semaine de navigation. Nous mîmes nos Français dans une barque qu'ils avaient louée en pleine mer pour les descendre à terre, et de là les conduire en France, s'il leur était possible de trouver en cet endroit assez de provisions pour s'avitailler.

Le seul passager français qui restait sur notre bord fut le jeune prêtre; ayant appris que nous avions dessein d'aller aux Indes, il souhaita de faire le voyage avec nous, et d'être mis à terre sur la côte de Coromandel. J'y consentis avec plaisir. Cet homme me plaisait beaucoup, et non sans raison. Quatre matelots s'engagèrent avec nous, c'étaient de braves gens, qui nous furent d'un grand service.

De là nous prîmes la route des Indes occidentales en faisant cours du côté du sud et du sud-quart à l'est, sans avoir beaucoup de vent pendant une vingtaine de jours. Nous étions dans cette situation, quand nous trouvâmes de nouveau l'occasion d'exercer notre humanité sur un objet tout aussi déplorable que le premier.

Le 19 de mars 1695, étant dans la latitude

septentrionale de 27 degrés 5 minutes, et faisant cours sud-est et sud-est quart au sud; nous découvrîmes un grand vaisseau venant à nous. Nous ne pûmes d'abord le voir distinctement, mais en étant plus près, nous aperçûmes qu'il avait perdu le perroquet du grand mât, le mât d'artimon et le beaupré. Il tira d'abord un coup de canon pour nous faire savoir sa détresse. Nous avions un vent frais nord-nord-est, et en peu de temps nous fûmes à portée de l'arraisonner.

Nous apprîmes qu'il était de Bristol, et qu'il revenait des Barbades, mais qu'aux Barbades mêmes il avait été jeté hors de sa route par un furieux ouragan, quelques jours avant qu'il fût prêt à mettre à la voile, et lorsque le capitaine et le premier contre-maître étaient encore à terre, de manière qu'outre la violence de la tempête, il avait manqué à ce vaisseau des hommes capables de le conduire. Il avait été attaqué par un second orage, qui l'avait absolument dérouté du côté de l'ouest et réduit dans le triste état où nous le rencontrâmes. L'équipage s'était attendu à découvrir les îles de Bahama ; mais il s'en était vu éloigné et jeté vers le sud-est par un vent gaillard de nord-nord-est, précisément celui que nous avions alors ; enfin n'ayant qu'une voile au grand mât et une autre attachée à une espèce de mât d'artimon dressé à la hâte, il n'avait pas eu le moyen de serrer le vent, de sorte que l'équipage avait fait en vain tous les efforts possibles pour atteindre les îles Canaries.

Ce qui mettait le comble à leur malheur, c'est qu'outre la fatigue que leur avaient causée ces deux tempêtes, ils mouraient de faim. Il ne leur restait pas une seule once de pain ni de viande depuis plus de onze jours, et leur unique consolation était de n'avoir pas entièrement consommé leur eau; et ils avaient encore environ un demi-tonneau de farine. Pour du sucre, il leur en restait abondamment, sans compter sept barils de rum; ils avaient dévoré une assez grande quantité de confitures.

Il y avait à bord, comme passagers, un jeune homme avec sa mère et une servante. Croyant le vaisseau prêt à mettre à la voile, ils s'étaient embarqués par malheur le soir avant ce terrible ouragan, et n'ayant plus rien de leurs provisions particulières, ils s'étaient trouvés dans une situation plus déplorable que les matelots, qui, réduits à la dernière extrémité eux-mêmes, n'avaient pas été susceptibles de compassion. On peut juger s'il est facile de décrire la malheureuse situation où s'était trouvée cette famille.

Peut-être n'aurais-je su jamais cette particularité, si, le temps se trouvant être doux, et la mer calme, ma curiosité ne m'eût porté à venir à bord de ce malheureux navire. Le second contre-maître, forcé, dans cette extrémité, de prendre le commandement du vaisseau, s'étant rendu à notre bord, m'avait parlé de ces passagers comme de gens qu'il croyait morts; il n'en avait plus rien appris depuis plus de deux jours, parce qu'il avait eu peur de s'en informer, n'étant pas en état de les soulager dans leur misère.

Nous fîmes d'abord tous nos efforts pour donner à ce malheureux équipage le secours qui était en notre pouvoir, et j'avais assez d'empire sur l'esprit de mon neveu pour le porter à les avitailler entièrement, quand même nous aurions été par là contraints d'aller dans la Virginie, ou sur quelque autre côte de l'Amérique, faire de nouvelles provisions pour nous-mêmes. Mais heureusement nous ne fûmes pas obligés de pousser notre charité jusqu'à ce point.

Ces malheureux étaient alors exposés à un nouveau péril, et il y avait tout à craindre de leur gourmandise. Le contre-maître nous en amena six dans sa chaloupe, qui paraissaient autant de squelettes, et qui avaient à peine la force de remuer leurs rames. Il était lui-même à moitié mort, n'ayant rien réservé pour lui, et s'étant contenté de la portion donnée au moindre matelot.

En mettant quelques mets devant lui, je l'avertis d'en user avec lenteur et avec sobriété; mais à peine eut-il mangé trois bouchées qu'il se trouva mal. Il fut assez prudent pour s'arrêter d'abord, et notre chirurgien lui fit préparer un bouillon propre à lui servir de remède et de nourriture tout ensemble; il fut mieux dès qu'il l'eut pris. Je n'oubliais pas cependant ses compagnons, à qui je donnai aussi de quoi manger. Ils dévoraient véritablement, étant si affamés qu'ils en avaient contracté une espèce de rage qui les empêchait d'être en aucune manière maîtres d'eux-mêmes. Il y en eut deux d'entre eux qui mangèrent avec tant d'avidité, que le jour suivant ils en pensèrent mourir.

Ce spectacle était fort touchant pour moi, et me rappelait la misère à laquelle je m'attendis autrefois en mettant le pied sur le rivage de mon île sans avoir la moindre provision, et sans connaître aucun moyen de trouver des vivres pour une seule journée, exposé à servir bientôt moi-même de nourriture aux bêtes féroces.

Pendant tout le temps que le contre-maître fut occupé à me faire le récit détaillé de la détresse de son équipage, mes pensées roulaient sans cesse sur le sort des trois passagers, la mère, le fils et la servante, dont il n'avait rien entendu dire depuis deux jours, et que la disette extrême de ses propres gens l'avait forcé à négliger, selon son propre aveu. Je compris qu'à la fin il ne leur avait donné aucune nourriture, et j'en conclus qu'ils devaient tous trois être morts de faim.

Je retins le contre-maître, que nous appelions alors le capitaine, à notre bord avec ses gens, pour qu'ils reprissent vigueur par de bons aliments ; et, songeant à rendre le même service au reste de l'équipage, je fis conduire à leur navire notre contre-maître avec la chaloupe montée de douze hommes, chargée d'un sac plein de pain, et de six grosses pièces de bœuf. Notre chirurgien donna ordre à mes matelots de faire bouillir cette viande en leur présence, et de placer des sentinelles dans la chambre du cuisinier, pour empêcher ces gens affamés de dévorer la viande crue, et de ne leur en donner d'abord qu'une petite portion. Cette sage précaution leur conserva la vie, et si on l'avait négligée, ils eussent péri par le moyen de ces mêmes aliments qui leur étaient donnés pour les empêcher de mourir.

J'ordonnai à notre contre-maître d'aller dans la chambre des passagers pour prendre connaissance de leur état, et leur donner les rafraîchissements nécessaires s'ils étaient encore en vie. Le chirurgien l'avait pourvu en conséquence d'une grande écuelle pleine du bouillon préparé qui avait fait tant de bien au pauvre contre-maître, et qui, selon lui, était capable de les rétablir par degrés.

Peu satisfait de toutes ces mesures, et désirant voir de mes propres yeux le triste spectacle que ce vaisseau me fournirait d'une manière plus vive que ne pourrait jamais le faire aucun récit, je suivis nos gens avec la chaloupe.

Je trouvai tous ces pauvres affamés dans une espèce de sédition, et prêts à enlever la viande du chaudron par force; mais mon contre-maître, faisant son devoir, avait placé une sentinelle à la porte de la chambre du cuisinier, et, voyant qu'il n'obtenait rien par ses exhortations, il employa la violence pour leur faire du bien en dépit d'eux-mêmes. Il eut pourtant la condescendance de tremper quelques biscuits dans le pot, et de leur en donner un à chacun pour apaiser la fureur de leur appétit, les priant de croire que c'était pour leur propre conservation qu'il ne leur en donnait que peu à la fois; mais rien n'était capable de les calmer, si je ne fusse survenu avec leurs propres officiers; et si je n'avais pas ajouté à mes exhortations la terrible menace de ne leur donner rien à moins qu'ils ne se tinssent en repos, je crois en vérité qu'ils auraient forcé la chambre du cuisinier, et qu'ils auraient dévoré la viande avant qu'elle fût cuite. Nous les apaisâmes pourtant, et, commençant à les nourrir par degrés, nous leur permîmes à la fin de manger autant qu'ils le désiraient, et tout alla mieux que je ne l'eusse pensé.

La misère des passagers était plus terrible que celle de l'équipage. Comme les matelots avaient eu d'abord peu de chose pour eux-mêmes, ils leur avaient donné des portions extrêmement petites; à la fin ils les avaient absolument négligés, de manière que depuis six ou sept jours ils n'avaient eu rien du tout à manger, et fort peu de chose les deux ou trois jours précédents. La pauvre mère, à ce que l'équipage nous rapporta, était une femme de bon sens et très-bien élevée, qui, ayant épargné pour son fils, avec une tendresse véritablement maternelle, tout ce qu'elle pouvait, avait enfin perdu ses forces. Quand notre contre-maître entra dans sa chambre, il la vit assise à terre, appuyée contre un des côtés du vaisseau, entre deux chaises liées ensemble, la tête enfoncée entre ses épaules, et semblable à un cadavre, quoiqu'elle ne fût pas tout-à-fait morte. Il fit tout ce qu'il put pour la rappeler à elle, et lui rendre des forces; il lui mit un peu de bouillon dans la bouche avec une cuiller; elle ouvrit les lèvres, leva une de ses mains et s'efforça enfin de parler. Elle entendit ce qu'il lui disait; mais, en lui faisant signe que ce secours venait trop tard pour elle, elle lui montra du doigt son fils, comme si elle voulait le prier d'en avoir soin.

Touché d'une pitié extraordinaire pour cette tendre mère, il redoubla d'efforts pour lui faire avaler un peu de bouillon, et, à ce qu'il crut, il en fit descendre dans son estomac deux ou trois cuillerées; quoi qu'il en soit, il ne prit que des peines inutiles, puisque la nuit d'après elle mourut.

Le jeune homme, dont elle avait conservé

la vie aux dépens de la sienne, n'était pas réduit à une extrémité tout-à-fait aussi grande; nous le trouvâmes cependant étendu raide dans un petit lit, et à moitié mort. Il tenait dans la bouche un morceau d'un vieux gant dont il avait mangé le reste. Le contre-maître réussit à lui faire avaler un peu de bouillon, et il sembla se ranimer; mais lorsque, quelques moments après, il lui en fit avaler trois ou quatre cuillerées, le pauvre garçon les rendit immédiatement après.

La servante, étendue près de sa maîtresse, luttait avec la mort: d'une de ses mains elle avait saisi le pied d'une chaise, et le tenait si ferme, qu'on eut bien de la peine à lui faire lâcher prise; son autre bras était étendu au-dessus de sa tête, et ses deux pieds appuyés avec force contre une table. En un mot, elle semblait être à l'agonie; mais elle n'était pas morte.

Cette pauvre fille n'avait pas été seulement affaiblie par la famine et effrayée par la pensée d'une mort prochaine; mais elle était extrêmement inquiète pour sa maîtresse, qu'elle voyait mourante depuis quelques jours, et pour qui elle avait tout l'attachement imaginable.

Nous ne savions comment faire avec cette malheureuse fille; car, lorsque notre chirurgien, homme savant et expérimenté, lui eut rendu, pour ainsi dire, la vie, il eut une seconde cure relativement à son cerveau, qui parut pendant plusieurs jours absolument renversé.

Quiconque lira le récit de ce tragique accident doit songer qu'il n'est pas possible, quelque humanité que l'on ait, de faire sur mer ce que l'on peut faire sur terre. Il s'agissait de donner du secours à ce malheureux équipage, mais non de rester avec lui; et, quoiqu'il désirât fort d'aller de conserve avec nous pendant quelques jours, nous n'avions pas le loisir d'attendre un vaisseau qui avait perdu ses mâts. Néanmoins, lorsque le capitaine nous conjura de l'aider à dresser un perroquet au grand mât, et un autre à son artimon, nous voulûmes bien mettre à la cape pendant trois ou quatre jours. Ensuite, après lui avoir donné cinq ou six tonneaux de bœuf et de lard, une bonne provision de biscuit, de la farine et des pois, et avoir accepté pour paiement trois caisses de sucre, une quantité assez grande de rum et quelques pièces de huit, nous le quittâmes en prenant sur notre bord, à leur instante prière, un prêtre avec le jeune homme, la servante et tout ce qui leur appartenait.

Le jeune homme était un garçon de dix-sept ans, bien fait, modeste et fort raisonnable. Il paraissait accablé de la mort de sa mère, ayant encore depuis peu perdu son père dans les Barbades.

Il s'était adressé au chirurgien pour me prier de le prendre dans mon vaisseau, et de le tirer d'avec ceux qu'il appelait les meurtriers de sa mère: en effet, ils l'étaient en quelque sorte, car ils auraient pu épargner de leur portion quelque petite chose pour soutenir la vie de cette misérable veuve, quand ce n'aurait été que pour l'empêcher de mourir: mais la faim ne connaît ni humanité, ni parenté, ni amitié, ni justice; elle est sans remords et sans pitié.

Le chirurgien mettait en vain devant ses yeux la longueur du voyage qui devait le séparer de tous ses amis, et qui pouvait le rejeter dans un aussi mauvais état que celui d'où il venait de sortir ; il dit qu'il lui était indifférent de quel côté il allât, pourvu qu'il se séparât de ce cruel équipage, et que le capitaine (c'est de moi qu'il entendait parler, ne connaissant pas encore mon neveu) serait trop honnête homme pour lui donner le moindre chagrin après lui avoir sauvé la vie ; que pour la servante, si elle revenait dans son bon sens, elle nous suivrait volontiers partout, et qu'elle recevrait comme un grand bienfait la permission d'entrer dans notre navire.

Le chirurgien me fit cette proposition d'une manière si pathétique, que je l'acceptai, et je les pris tous deux avec tout leur bien, excepté onze caisses de sucre qu'il fut impossible d'atteindre ; mais comme le jeune homme en avait une reconnaissance, je fis signer un billet au commandant, par lequel il promettait d'aller, dès son arrivée à Bristol, chez un certain M. Roger, parent du jeune homme et marchand de cette ville, et de lui donner une lettre de ma part avec tout ce qui avait appartenu à la défunte veuve. Mais il paraît que toutes ces précautions ont été inutiles; car je n'ai jamais appris que ce vaisseau fût arrivé à Bristol. Il est très-probable qu'étant fort endommagé, et faisant eau de toutes parts, il aura coulé à fond à la première tempête.

Nous étions à la latitude de dix-neuf degrés trente-deux minutes, et nous avions eu jusqu'alors un voyage assez heureux par rapport au temps, excepté qu'au commencement nous avions éprouvé des vents contraires. Mon dessein n'est pas de fatiguer le public du récit de quelques incidents peu considérables, comme changements de vents, ouragans, beau temps et pluies, etc. Je dirai donc que je découvris mon île le 10 avril 1695. Ce ne fut pas sans de très-grandes difficultés que je la trouvai; j'y étais entré autrefois et j'en étais sorti du côté du sud-est vers le Brésil; mais faisant route alors entre l'île et le continent, et n'ayant point de carte de cette côte, ni aucune marque particulière à laquelle je pusse la reconnaître, je la vis sans savoir que ce fût elle.

Nous croisâmes pendant long-temps de côté et d'autre, nous mîmes pied à terre dans plusieurs îles situées à l'embouchure du fleuve Orénoque, mais sans parvenir à notre but; j'appris seulement, en suivant ces côtes, que j'avais été autrefois dans l'erreur, en croyant que la terre que je découvrais était le continent. C'était une île fort étendue, ou plutôt une longue suite d'îles situées vis-à-vis du grand espace qu'occupe l'embouchure de ce fleuve. Les sauvages qui abordaient de temps en temps à mon île n'étaient pas proprement des Caraïbes, mais des insulaires qui habitaient les lieux les plus proches de moi. Je visitai en vain, comme j'ai dit, plusieurs de ces îles; j'en trouvai quelques-unes habitées et d'autres désertes. Dans une, entre autres, je vis quelques Espagnols, et je crus d'abord que c'étaient ceux que j'avais fait venir dans mes domaines; mais, en leur parlant, je sus qu'ils avaient près de là une petite chaloupe, et qu'ils étaient venus en cet endroit pour y chercher du sel et quelques huîtres à perles: en un mot, j'appris qu'ils n'étaient point de mes sujets, et qu'ils appartenaient à l'île de la Trinité, qui est plus du côté du nord de dix ou onze degrés de latitude.

Enfin, allant d'une île à l'autre, tantôt avec le vaisseau, et tantôt avec la chaloupe du vaisseau français, qui était parfaitement bonne et qu'on nous avait cédée avec plaisir, je gagnai le côté méridional de mon île, que je reconnus aussitôt. Je fis mettre le vaisseau à l'ancre dans une rade sûre, vis-à-vis de la petite baie près de laquelle était mon ancienne habitation.

Dès que j'eus fait cette découverte, j'appelai Vendredi, et je lui demandai s'il savait où il était. Il regarda fixement pendant quelque temps, et puis frappant de joie ses mains l'une contre l'autre, il s'écria : « Oui, oui, oh! voilà, oh! voilà! » et, montrant du doigt mon château, il se mit à chanter et à faire des gambades comme un fou; j'avais même bien de la peine à l'empêcher de sauter dans la mer et d'aller à terre à la nage.

« Eh bien! Vendredi, lui dis-je, qu'en penses-tu? Trouverons-nous quelqu'un ou non? Ton père y sera-t-il? » Au nom de son père, le pauvre garçon, dont le cœur était si sensible, parut tout troublé, et je vis les larmes couler de ses yeux en abondance. « Qu'y a-t-il donc, Vendredi? lui dis-je; es-tu affligé parce qu'il y a apparence que tu verras ton père? — Non, non, non, non, répondit-il en secouant la tête, moi ne le voir plus. — Eh! qu'en sais-tu, mon enfant? lui dis-je. — Oh! repartit-il, lui mort longtemps, lui beaucoup vieux homme. — La chose n'est pas encore sûre, lui dis-je; mais enfin crois-tu que nous trouverons quelque autre de nos gens? » Il avait sans doute les yeux meilleurs que les miens; car, quoique nous fussions à une demi-lieue de terre, il me montra du doigt la colline qui était au-dessus de mon château, s'écriant: « Moi voir beaucoup d'hommes là, là et là. » Je tournai les yeux vers cet endroit; mais je ne vis rien, pas même avec ma lunette d'approche, ce qui venait probablement de ce que je ne l'avais pas dirigée avec justesse. Il ne laissait pas d'avoir raison, comme je le sus le lendemain; car cinq ou six de mes sujets avaient été en cet endroit pour voir le vaisseau, ne sachant qu'en penser.

Dès que Vendredi m'eut dit qu'il voyait du monde, je fis mettre pavillon anglais et tirer deux coups de canon, pour leur donner à entendre que nous étions amis, et un demi-quart d'heure après nous vîmes une fumée s'élever du côté de la petite baie. J'ordonnai en ce moment qu'on mît la chaloupe en mer, avec un drapeau blanc en signe de paix, et, prenant Vendredi avec moi et le jeune missionnaire, je me fis descendre à terre. J'avais fait au dernier un récit exact de la manière dont j'avais vécu dans cette île, sans oublier aucune particularité, tant par rapport à moi qu'à l'égard de ceux que j'y avais laissés, et cette histoire lui avait donné grande envie de m'accompagner. J'avais de plus seize hommes bien armés dans ma chaloupe, de peur de rencontrer quelques nouveaux hôtes qui ne fussent pas de mes sujets; mais heureusement cette précaution ne se trouva point nécessaire.

Comme nous allions vers le rivage, dans un moment où la marée était presque haute, nous entrâmes tout droit dans une petite baie, et le premier homme sur lequel je fixai les yeux fut l'Espagnol auquel j'avais sauvé la vie; je reconnus parfaitement bien ses traits. J'ordonnai d'abord que tout le monde restât dans la chaloupe, et que personne ne me suivît à terre: mais il n'y eut pas moyen de retenir Vendredi; ce tendre fils avait découvert son père à une si grande distance des autres Espagnols, qu'il ne me fut pas possible de le voir; et il est certain que, si on avait voulu l'empêcher d'aller à terre, il se serait jeté dans la mer pour y aller à la nage. A peine avait-il mis le pied sur le rivage, qu'il vola du côté du vieux sauvage avec la vitesse d'une flèche décochée par un bras vigoureux. L'homme le plus insensible n'aurait pu s'empêcher de verser quelques larmes en voyant les transports de joie auxquels ce pauvre garçon s'abandonna en joignant son père. Il l'embrassa, le prit entre ses bras pour le mettre à terre sur le tronc d'un arbre, le regarda fixement, comme un homme qui considère avec étonnement un tableau extraordinaire; ensuite il se plaça près de lui, l'embrassa de nouveau, se remit sur ses pieds, et continua à le regarder avec attention, comme à la fois enchanté et stupéfait de le revoir. Le lendemain, ses tendres extravagances prirent un autre cours. Il se promena plusieurs heures avec lui sur le rivage, le tenant par la main, et de temps en temps il lui allait chercher quelque chose dans la chaloupe, tantôt un morceau de sucre, tantôt un verre de liqueur, et tantôt un biscuit, enfin tout ce qu'il croyait capable de faire plaisir au vieillard. L'après-dînée, il s'y prit encore d'une nouvelle manière : il mit le bon homme à terre, et commença à danser autour de lui avec mille postures plus burlesques les unes que les autres; en même temps il lui parlait, et lui racontait, pour le divertir, quelques particularités de ses voyages.

Je n'aurais jamais fini si je voulais raconter en détail toutes les civilités que me firent les Espagnols. Le premier, que je reconnaissais parfaitement bien, comme je l'ai déja dit, s'approcha de la chaloupe, portant un drapeau de paix et accompagné d'un de ses compatriotes. Non-seulement il ne me reconnut pas d'abord, mais il n'avait pas seulement la pensée que ce pût être moi, avant que je lui eusse parlé. « Comment? lui dis-je d'abord en portugais, vous ne me reconnaissez pas? » Il ne me répondit pas un mot; mais, donnant son fusil à son compagnon, il ouvrit les bras et vint m'embrasser en disant plusieurs choses en espagnol dont je n'entendais qu'une partie. Il me serra dans ses bras, et me demanda mille pardons de n'avoir pas reconnu ce visage qu'il avait considéré autrefois comme celui d'un ange envoyé du ciel pour lui sauver la vie. Il dit encore nombre d'autres choses que la politesse espagnole fournissait à son cœur véritablement reconnaissant, et ensuite, se tournant vers son compagnon, il lui ordonna de faire venir toute la troupe. Il me demanda si j'avais envie de me promener vers mon château, afin qu'il eût le plaisir de m'en remettre en possession, sans avoir la satisfaction pourtant de m'y montrer les augmentations et les embellissements auxquels je devais naturellement m'attendre.

Je le voulus bien; mais il me fut aussi impossible de retrouver ma demeure que si je n'y eusse jamais été. Ils avaient planté un si grand nombre d'arbres, ils les avaient arrangés d'une manière si bizarre, et les avaient placés si près l'un de l'autre, que ces arbres, ayant pris un accroissement extraordinaire pendant les dix années de mon absence, rendaient mon château absolument inaccessible ; on n'en pouvait approcher que par des chemins si tortueux, que c'était un vrai labyrinthe pour tout autre que pour les habitants.

Quand je lui demandais quelle raison l'avait porté à faire tant de fortifications, il me dit que j'en verrais assez la nécessité, quand il m'aurait donné un détail de tout ce qui s'était passé depuis l'arrivée des Espagnols dans mon île. « Quoique alors, continua-t-il, je fusse dans une grande consternation de votre départ, je ne laissai pas d'être charmé du bonheur qui vous avait procuré si à propos un navire pour vous tirer de ce désert. J'ai eu fort souvent, continua-t-il, certains mouvements dans l'esprit qui me persuadaient que vous y reviendriez un jour. Mais je dois avouer que rien ne m'est jamais arrivé dans le cours de ma vie de plus triste et de plus mortifiant que d'apprendre votre départ quand j'ai conduit ici mes compatriotes. »

Il ajouta encore qu'il avait une longue histoire à nous raconter touchant les trois barbares que j'avais laissés dans l'île. Il entendait par-là les trois matelots séditieux, et il m'assura que les Espagnols s'étaient trouvés moins à leur aise avec eux qu'avec les sauvages, parmi lesquels ils avaient mené une si triste vie, excepté que les premiers étaient moins à craindre à cause de leur petit nombre : « car, s'ils avaient été plus nombreux, il y aurait long-temps que nous serions morts. J'espère, monsieur, poursuivit-il, que vous apprendrez sans chagrin qu'une nécessité absolue et le soin de notre propre conservation, nous ont forcés de les désarmer et de nous les assujétir. Vous nous pardonnerez cette action assurément, quand vous saurez que non-seulement ils ont voulu être nos maîtres, mais encore nos meurtriers. » Je lui répondis que j'avais déja craint tout de la scélératesse de ces malheureux en quittant l'île, et que j'aurais fort souhaité de le voir auparavant de retour avec ses compagnons, et de les mettre en possession de l'île en leur soumettant les

Anglais, comme ils ne l'avaient que trop mérité : que j'étais ravi qu'ils y eussent songé pour moi, bien loin d'y trouver à redire, et que je ne savais que trop que c'étaient des coquins incorrigibles et capables de toutes sortes de crimes.

Pendant ce discours, nous vîmes approcher l'homme qu'il avait envoyé pour avertir ses compagnons de mon arrivée. Il était suivi de onze Espagnols, qu'à leur habillement il était impossible de prendre pour tels. Il commença par nous faire connaître les uns aux autres ; il se tourna d'abord de mon côté en me disant : « Monsieur, voilà quelques-uns des gentilshommes qui vous sont redevables de la vie ; » et ensuite il leur dit qui j'étais, et quelle obligation ils m'avaient. Là-dessus ils s'approchèrent tous l'un après l'autre, non comme une troupe de simples matelots qui voudraient faire connaissance avec un homme de leur profession, mais comme des ambassadeurs chargés de haranguer un monarque ou un conquérant. Toutes leurs manières étaient obligeantes et polies, avec une nuance de gravité qui donnait un air de grandeur à leur soumission même. Je puis protester qu'ils savaient beaucoup mieux leur monde que moi, et que j'étais fort embarrassé pour recevoir leurs compliments, bien loin de me sentir en état de leur rendre la pareille.

L'histoire de leur arrivée et de leur conduite dans l'île est tellement remarquable, et présente tant d'incidents qui ont de la liaison avec ce que j'ai rapporté dans la première partie de cette histoire, que je ne saurais m'empêcher de la donner ici avec toutes les particularités qui me paraissent intéressantes.

On n'a pas oublié peut-être que j'avais envoyé un Espagnol et le père de Vendredi, sauvés tous deux de la fureur des cannibales, pour aller dans un grand canot chercher sur le continent les autres Espagnols, et pour les transporter dans l'île, afin de les tirer du triste état où ils étaient, et de trouver avec eux le moyen de revenir en Europe. Je n'avais pas alors plus de raison pour m'attendre à ma délivrance que je n'en eus vingt ans auparavant d'espérer l'arrivée d'un vaisseau anglais, par le moyen duquel je pusse me tirer de ma triste situation. Par conséquent, lorsque mes gens revinrent, il ne purent qu'être extraordinairement étonnés en voyant que j'étais parti, et que j'avais laissé dans l'île trois étrangers en possession de tout ce qui m'appartenait : leur surprise fut d'autant plus grande qu'ils s'attendaient à le partager avec moi.

Le voyage de mon Espagnol avec le père de Vendredi n'avait rien présenté de particulier, le temps s'étant trouvé fort doux et la mer très-calme. Ses compagnons furent charmés de le revoir ; il se trouvait le principal d'entre eux et leur commandant depuis que le capitaine du vaisseau dans lequel ils avaient fait naufrage était mort. Ils furent d'autant plus surpris de le voir, qu'ils le savaient tombé entre les mains des sauvages, et qu'ils supposaient qu'il en avait été dévoré selon leur affreuse coutume.

L'histoire de sa délivrance et la manière dont j'avais pourvu à ses besoins leur parut un songe. Mais lorsqu'il leur montra les provisions qu'il apportait pour leur voyage, les armes, la poudre et le plomb, ils furent tirés de leur surprise; ils se formèrent une idée juste de leur sort, et firent tous les préparatifs nécessaires pour passer dans mon île.

Leur premier soin fut d'avoir des canots; obligés de passer les bornes de la probité, en trompant leurs amis les sauvages, ils leur empruntèrent deux grandes barques, sous prétexte d'aller se divertir en mer, ou à la pêche. Le lendemain ils s'embarquèrent dans ces canots. Il ne leur fallut pas beaucoup de temps pour embarquer leurs richesses, n'ayant ni bagage, ni habits, ni vivres, rien en un mot que ce qu'ils avaient sur le corps, et quelques racines dont ils faisaient usage au lieu de pain.

Mes deux envoyés ne furent absents en tout que pendant trois semaines, et à leur retour ils trouvèrent mon domaine en proie à trois scélérats les plus effrontés, les plus déterminés, et les plus difficiles à gouverner qu'on aurait pu trouver dans le monde entier.

La seule chose équitable que firent ces coquins fut de donner d'abord ma lettre aux Espagnols, et de leur mettre mes provisions entre les mains, comme je le leur avais ordonné. Ils leur remirent encore un grand écrit très-circonstancié, contenant mes directions sur les moyens que j'avais employés pour fournir à ma subsistance et à mes commodités pendant mon séjour dans l'île. Il contenait la manière dont j'avais fait mon pain, élevé mes chèvres apprivoisées, semé mon blé, séché mes raisins, fait mes pots, en un mot toute ma conduite dans cette déplorable situation. Non-seulement ils livrèrent cet écrit aux Espagnols, dont deux savaient assez d'anglais pour en profiter, mais ils partagèrent avec eux mon château. Le chef des Espagnols avait déja une idée exacte de ma manière de vivre, ce qui le rendait capable de conduire toutes les affaires de la colonie, avec le secours du père de Vendredi. Pour les Anglais, ils étaient trop grands seigneurs pour se mêler d'une occupation si basse; ils ne songeaient qu'à parcourir l'île, à tuer des perroquets, et à tourner des tortues; le soir, quand ils revenaient au logis, ils trouvaient le souper prêt, grace aux soins des Espagnols.

Ceux-ci s'en seraient consolés, si les Anglais

avaient seulement voulu les laisser en repos; mais ils n'étaient pas gens à vivre long-temps en paix; ils n'avaient pas la moindre envie de songer au bien de cette petite république; et ils ne voulaient pas souffrir que les autres les déchargeassent de ce soin.

Leurs différents, d'abord peu considérables, ne valent pas la peine d'être rapportés; mais tout d'un coup leur scélératesse éclata de la manière la plus extraordinaire qu'il soit possible d'imaginer. Ils se mirent à faire une guerre ouverte aux Espagnols avec une insolence incroyable, d'une manière contraire à la raison, à leurs intérêts, à la justice et même au sens commun, n'ayant pas seulement le moindre prétexte pour pallier la brutalité de leur conduite.

Il est vrai que je n'en ai su d'abord toutes les particularités que des Espagnols, qui étaient, pour ainsi dire, leurs accusateurs, et dont le témoignage pouvait être suspect; cependant quand j'eus le loisir de les examiner sur tous les chefs d'accusation, ils n'osèrent en nier un seul.

Mais avant que d'aller plus loin, il faut que je supplée ici à une négligence dont je me suis rendu coupable dans la première partie, en oubliant d'instruire le lecteur d'une particularité qui a une grande liaison avec ce qui va suivre.

Dans le moment que nous allions lever l'ancre pour quitter mon île, il arriva une petite querelle dans le vaisseau, et il était fort à craindre que l'équipage n'en vînt à une seconde sédition. La chose en serait venue là peut-être, si le capitaine, s'armant de tout son courage, et assisté de moi et de ses amis, n'avait saisi deux des plus opiniâtres, et ne les eût fait mettre aux fers, en les menaçant, comme rebelles qui retombaient une seconde fois dans le même crime, et qui excitaient les autres par leurs discours séditieux, de les tenir en prison jusqu'à ce qu'il les fît pendre en Angleterre.

Quoique le capitaine n'eût pas cette intention, il effraya tellement par là plusieurs matelots coupables de la première mutinerie, qu'ils persuadèrent à tout le reste qu'on les amusait seulement par de bonnes paroles, et qu'on les livrerait entre les mains de la justice, dans le premier port d'Angleterre où le vaisseau entrerait. Le contre-maître en eut vent, et nous en avertit; il fut donc résolu que moi, qui passais toujours pour un homme de considération, j'irais leur parler avec le contre-maître, et les assurerais que, s'ils se comportaient bien pendant le reste du voyage, il ne serait jamais parlé du passé. Je m'acquittai de cette commission, et je leur donnai ma parole d'honneur qu'ils n'avaient rien à craindre du ressentiment du capitaine. Ce procédé les apaisa, surtout quand ils virent relâchés à ma prière les deux mutins à qui on avait mis les fers aux pieds.

Cependant cette affaire nous empêcha de faire voile pendant la nuit, et le vent s'étant abattu, nous sûmes le lendemain que les prisonniers qu'on avait relâchés avaient volé chacun un mousquet, quelques autres armes, apparemment de la poudre, et que, s'étant glissés dans la pinasse, ils s'étaient sauvés à terre, pour se joindre aux autres mutins, leurs dignes compagnons.

Dès que nous eûmes fait cette découverte, je fis mettre la chaloupe en mer, avec le contre-maître et douze hommes, pour chercher ces coquins; mais ils ne se trouvèrent pas non plus que les trois autres, car ils avaient tous fui ensemble dans les bois dès qu'ils avaient vu approcher la chaloupe.

Le contre-maître était sur le point de les punir, une fois pour toutes, de leurs mauvaises actions, en détruisant la plantation, et en brûlant tout ce qui pouvait les faire subsister; mais n'osant le faire sans ordre, il laissa tout dans l'état où il l'avait trouvé, et se contenta de revenir au vaisseau en ramenant la pinasse.

Par cette nouvelle recrue, le nombre des Anglais dans l'île montait à cinq; mais les trois premiers étaient si supérieurs en méchanceté aux nouveaux venus, qu'après avoir vécu deux jours avec eux ils les chassèrent de la maison, les obligèrent à pourvoir à leur propre subsistance, et pendant quelque temps poussèrent la dureté jusqu'à leur refuser la moindre nourriture. Tous ces événements eurent lieu avant l'arrivée des Espagnols.

Quand ceux-ci furent venus dans l'île, ils firent tous leurs efforts pour porter ces trois bêtes féroces à se réconcilier avec leurs compatriotes, et à les reprendre dans leur demeure : mais les scélérats ne voulurent pas même en entendre parler.

Ainsi ces deux malheureux furent forcés de vivre à part, et, voyant qu'il n'y avait que l'industrie et l'application qui pussent les mettre en état de subsister, ils établirent leur demeure dans la partie septentrionale de l'île, mais un peu du côté de l'ouest, de peur des sauvages, qui d'ordinaire débarquaient dans l'île du côté de l'est.

C'est là qu'ils construisirent deux cabanes, l'une pour eux, et l'autre pour leur magasin. Les Espagnols leur ayant donné du blé pour semer, et une partie des pots que je leur avais laissés, ils se mirent à creuser, à planter et à faire des enclos, d'après le modèle que je leur avais prescrit. Quoiqu'ils n'eussent d'abord ensemencé qu'une très-petite portion de terre, ils eurent assez de blé pour faire du pain; et comme un des deux avait été second cuisinier dans le vaisseau, il était fort habile à faire des soupes, des puddings et d'autres mets, autant que leur riz, leur lait et leur viande le permettaient.

Ils étaient dans cette situation quand les trois coquins dont j'ai parlé vinrent les insulter uniquement pour se divertir. Ils leur dirent que c'était à eux que l'île appartenait, et que le gouverneur leur en avait donné la possession ; que personne n'y avait le moindre droit qu'eux, et qu'ils ne bâtiraient point de maison sur leur terrain à moins que de leur en payer la rente, ou qu'ils auraient à s'en repentir.

Les pauvres gens s'imaginèrent d'abord qu'ils plaisantaient ; ils leur demandèrent s'ils voulaient entrer, pour voir à leur aise les beaux palais qu'ils avaient bâtis, et pour s'expliquer sur les rentes qu'ils demandaient. L'un, voulant badiner à son tour, leur dit que s'ils étaient les maîtres du terrain, ils espéraient qu'en cas qu'ils réussissent à faire valoir leurs terres comme il faut, ils voudraient bien leur accorder quelques années de franchise, à l'exemple des autres seigneurs, et il les pria de faire venir un notaire pour dresser un contrat. Un des trois bandits répondit, en jurant et en blasphémant, qu'ils allaient voir si tout ceci n'était qu'une raillerie, et, s'approchant d'un feu que ces malheureux avaient fait pour apprêter leur dîner, il prend un tison, le jette dans une des cabanes et y met le feu. Elle aurait été consumée, si un des propriétaires n'eût couru à ce coquin, et, après l'avoir éloigné par force de sa hutte, n'avait éteint le feu en marchant dessus, encore eut-il bien de la peine à réussir.

Le scélérat était dans une telle rage en voyant le mauvais succès de sa barbarie, qu'il s'avança sur celui qui l'avait empêché de faire le mal, et il l'aurait assommé avec une perche qu'il tenait dans la main, s'il n'eût évité le coup adroitement. Son compagnon, voyant le danger où il était, vint d'abord à son secours. Ils saisirent chacun un fusil, et celui qui avait été attaqué le premier jeta son ennemi à terre d'un coup de crosse avant que les autres scélérats fussent à portée; et voyant qu'ils se préparaient à les insulter, ils se joignirent, et leur présentant le bout de leurs fusils, ils les menacèrent de leur casser la tête s'ils ne se retiraient.

Leurs adversaires avaient des armes à feu;

mais un des honnêtes gens, plus hardi que son camarade, et désespéré par le danger où il se trouvait, leur dit que, s'ils faisaient la moindre mine de les coucher en joue, ils étaient morts, et leur commanda avec fermeté de mettre bas les armes. Ils n'en firent rien; mais, voyant les autres si déterminés, ils en vinrent à une capitulation, et consentirent à s'en aller, pourvu qu'on leur laissât emporter leur compagnon blessé. Il l'était effectivement, et dangereusement même, mais par sa faute. Les deux insultés, voyant leur avantage, eurent tort de ne pas les désarmer réellement, comme ils étaient les maîtres de le faire, et de ne pas aller ensuite raconter le tout aux Espagnols, car dans la suite les trois coquins ne songèrent qu'à prendre leur revanche, et ils le dissimulèrent si peu, qu'ils ne voyaient jamais les autres sans les en menacer.

Ils les persécutèrent nuit et jour, et à différentes reprises ils foulèrent aux pieds leur blé, tuèrent à coups de fusil trois boucs et une chèvre que ces pauvres gens élevaient pour leur subsistance; en un mot, ils les traitèrent avec tant de cruauté et de barbarie, que ceux-ci, poussés à bout, prirent la résolution désespérée de les combattre à la première occasion. Dans ce dessein, ils prirent le parti d'aller au château, où leurs ennemis demeuraient avec les Espagnols, et de leur livrer combat en hommes de cœur, en présence des étrangers.

Pour exécuter cette entreprise, ils se levèrent le matin avant le jour, et s'étant approchés du château, ils appelèrent les trois scélérats par leurs noms, et dirent à un Espagnol qui leur répondit, qu'ils avaient à leur parler en particulier.

Le jour d'auparavant deux Espagnols avaient rencontré dans le bois un de ces Anglais honnêtes gens, et ils avaient entendu de terribles plaintes sur les affronts et les dommages qu'ils avaient reçus de leurs barbares compatriotes, qui avaient ruiné leur plantation, détruit leur moisson et tué leur bétail, ce qui était capable de les faire mourir de faim, si les Espagnols ne les secouraient.

Ces derniers, de retour au logis, et se trouvant à table avec les scélérats, prirent la liberté de les censurer, quoique d'une manière douce et honnête. L'un d'eux leur demanda comment ils pouvaient être si cruels et si inhumains à l'égard de leurs pauvres compatriotes qui ne les avaient jamais offensés, et qui ne songeaient qu'à trouver de quoi subsister; quelles raisons ils pouvaient avoir pour leur en ôter les moyens qui leur avaient coûté des travaux si fatigants?

Un des Anglais répliqua brusquement que ces gens n'avaient rien à faire dans l'île, qu'ils y étaient venus sans permission, que la terre ne leur appartenait point, et qu'il ne souffrirait absolument pas qu'ils y bâtissent, ni qu'ils y fissent des plantations. « Mais, monsieur, dit l'Espagnol d'un ton fort modéré, ils ne doivent pas mourir de faim! — Qu'ils meurent de faim, répondit l'Anglais comme un vrai barbare, ils ne bâtiront ni ne planteront ici. — Que voulez-vous donc qu'ils fassent? répliqua l'Espagnol. — Ce que je veux qu'ils fassent? dit cet homme féroce; qu'ils soient nos esclaves et qu'ils travaillent pour nous. — Mais quelle raison avez-vous pour attendre cette soumission d'eux?

vous ne les avez pas achetés de votre argent, et vous n'avez pas le moindre droit de les réduire à l'esclavage. » Le coquin répondit que l'île leur appartenait à eux trois, que le gouverneur la leur avait laissée, et que personne n'y avait la moindre chose à dire qu'eux : que, pour le faire voir, ils allaient brûler les huttes de leurs ennemis, et que, quelque chose qui pût arriver, ils n'y souffriraient ni leurs cabanes ni leurs plantations.

« S'il est ainsi, dit l'Espagnol, nous devrions être vos esclaves aussi. — Vous avez raison, répliqua-t-il avec impudence : nous comptons bien là-dessus, et vous vous en apercevrez bientôt. » Cet insolent discours était relevé par des imprécations placées éloquemment dans les endroits les plus convenables. L'Espagnol se contenta d'y répondre par un sourire moqueur, et ne daigna pas seulement lui dire le moindre mot.

Cette conversation cependant avait échauffé les misérables; et, se levant avec fureur, l'un d'entre eux, nommé Guillaume Atkins, dit aux autres : « Allons, morbleu, finissons avec eux; démolissons leur château, et ne souffrons pas qu'ils tranchent du maître dans nos domaines. »

Alors ils s'en allèrent tous trois, chacun armé d'un fusil, d'un pistolet et d'un sabre, en disant à demi-voix mille propos insolents sur la manière dont ils espéraient traiter les Espagnols à leur tour dès qu'ils en trouveraient l'occasion. Mais ceux-ci ne les entendirent qu'imparfaitement; ils parurent juger seulement qu'ils les menaçaient pour avoir pris le parti des deux autres Anglais.

On ne sait pas trop bien ce qu'ils firent pendant toute cette nuit; mais il paraît qu'ils parcoururent tout le pays pendant quelques heures, et qu'enfin, fatigués, ils s'étaient mis à dormir dans l'endroit que j'appelais autrefois ma maison de campagne, sans s'éveiller d'assez bon matin pour exécuter leurs projets abominables.

On sut après que leur but avait été de surprendre les deux Anglais dans le sommeil, de mettre le feu à leur cabane pendant qu'ils y seraient couchés, et de les y brûler, ou de les tuer lorsqu'ils voudraient en sortir pour éviter le feu. La malignité dort rarement d'un profond sommeil, et je m'étonne qu'ils n'aient pas eu la force de se tenir éveillés pour exécuter leur barbare dessein.

Cependant les autres ayant en même temps résolu une entreprise contre eux, mais plus digne de braves gens que l'incendie et le meurtre, il arriva, fort heureusement pour tous, que ceux de la cabane étaient déja en chemin avant que ces monstres sanguinaires vinssent à leur demeure.

Quand ils arrivèrent, ils trouvèrent la hutte vide. Atkins, qui était le plus déterminé, crie à ses camarades : « Voici le nid, mais les oiseaux se sont envolés. » Ils s'arrêtèrent pendant quelques instants pour deviner la raison qui pouvait avoir obligé leurs ennemis de sortir de si bonne heure, et convinrent tous que les Espagnols devaient les avoir instruits du péril auquel ils allaient être exposés. Après cette conjecture, ils se donnèrent la main tous trois, et s'engagèrent par des serments horribles à se venger de ceux qui les avaient trahis. Immédiatement après ils se mirent à travailler sur les huttes des pauvres Anglais; ils les abattirent toutes deux, et n'en laissèrent pas une pièce entière, de manière qu'à peine pouvait-on reconnaître la place où elles avaient été; ils en réduisirent pour ainsi dire en poussière tous les meubles, et en répandirent tellement les débris au long et au large, qu'ensuite ces malheureux trouvèrent plusieurs de leurs ustensiles à une demi-lieue de leur habitation.

Après cette expédition, ils arrachèrent tous les arbres que leurs ennemis avaient plantés, l'enclos dans lequel ils tenaient leur bétail et leur blé, en un mot ils saccagèrent tout aussi complètement qu'aurait pu le faire une horde de Tartares.

Pendant ce bel exploit, les deux Anglais les cherchaient pour les combattre partout où ils les trouveraient; et, quoiqu'ils ne fussent que deux contre trois, il est certain qu'il y aurait eu du sang répandu, car ils étaient tous également déterminés, et incapables de s'épargner en aucune manière.

Mais la Providence mit plus de soin à les séparer qu'ils n'étaient ardents à se joindre; comme s'ils avaient voulu se croiser à dessein, lorsque les trois étaient allés du côté des huttes, les deux marchaient du côté du château; et lorsque ces derniers se furent mis en chemin pour les chercher, les trois autres étaient revenus du côté de mon ancienne demeure.

Les trois retournent vers les Espagnols, la fureur peinte sur le visage, et échauffés de l'expédition qu'ils avaient faite avec tant d'animosité; ils se vantent hautement de leur action, comme si elle avait été la plus héroïque du monde, et l'un d'entre eux, avançant sur un des Espagnols d'un air arrogant, lui saisit son chapeau, et le lui faisant pirouetter sur la tête, dit insolemment en lui riant au nez : « Et vous, seigneur, nous vous traiterons de même si vous n'avez soin de nous témoigner du respect. »

L'Espagnol, quoique doux et fort honnête, était un homme aussi courageux qu'on puisse l'être, adroit et robuste au suprême degré. Après avoir regardé fixement celui qui venait de l'insulter avec si peu de raison, il alla vers lui d'un pas fort grave, et du premier coup de poing il le jeta à terre comme un bœuf qu'on assomme; là-dessus un autre Anglais, aussi insolent que le premier, lui tira un coup de pistolet. Il ne le tua pourtant pas; les balles passèrent au travers de ses cheveux, mais l'une lui toucha le bout de l'oreille et le fit saigner beaucoup.

L'Espagnol, voyant couler son sang en abondance, crut être blessé plus dangereusement qu'il ne l'était, et, quoique jusque-là il eût agi avec toute la modération possible, il crut qu'il était temps de montrer à ces scélérats qu'ils avaient tort de se jouer à d'aussi braves gens: il arracha le fusil à celui qu'il avait jeté à terre, et il allait faire sauter la cervelle au coquin qui l'avait voulu tuer, quand les autres Espagnols se montrant le prièrent de ne point tirer sur lui, et, se jetant sur mes drôles, les désarmèrent et les mirent hors d'état de leur nuire.

Quand ils se virent désarmés, et les Espagnols autant animés contre eux que les Anglais, ils commencèrent à se radoucir, et les prièrent de leur rendre leurs armes. Mais considérant l'inimitié qu'il y avait entre eux et les deux habitants des huttes, et persuadés que le meilleur moyen d'empêcher qu'ils n'en vinssent aux mains était de laisser ceux-ci désarmés, les Espagnols dirent qu'ils n'avaient point intention de leur faire le moindre mal, et qu'ils continueraient à leur donner toute sorte d'assistance s'ils voulaient vivre paisiblement; mais qu'ils ne trouvaient pas à propos de leur rendre des armes, pendant qu'ils étaient animés contre leurs propres compatriotes, et qu'ils avaient même déclaré ouvertement leur dessein de faire esclaves tous les Espagnols.

Ces hommes abominables, hors d'état d'entendre raison, voyant qu'on leur refusait leurs armes, sortirent de cet endroit la rage dans le cœur, et en jurant qu'ils sauraient bien se venger des Espagnols, quoiqu'ils fussent privés de leurs armes à feu. Mais ceux-ci, méprisant leurs bravades, leur dirent de prendre garde à ne rien entreprendre contre leurs plantations et contre leur bétail; que, s'ils étaient assez hardis pour le faire, ils les tueraient comme des bêtes féroces partout où ils les trouveraient; et que si, après une telle hostilité, ils tombaient vifs entre leurs mains, ils les pendraient sans quartier. Ces menaces ne diminuèrent pas leur fureur, et ils s'en allèrent jetant feu et flammes, et jurant de la manière du monde la plus horrible.

A peine les avait-on perdus de vue, que voilà les deux autres non moins exaspérés, mais à plus juste titre; étant allés à leur plantation, et la voyant détruite de fond en comble, ils avaient de justes raisons pour s'emporter contre leurs barbares ennemis. Ils ne trouvèrent que difficilement le temps de raconter leur malheur aux Espagnols, tant ceux-ci s'empressaient de les informer de leur propre aventure. C'était une chose extraordinaire de voir ainsi trois insolents insulter dix-neuf braves gens sans recevoir la moindre punition.

Il est vrai que les Espagnols les méprisaient, surtout après les avoir désarmés, et rendu par là leurs menaces vaines; mais les Anglais étaient plus animés, et ils résolurent d'en tirer vengeance, quoi qu'il en pût arriver. Cependant les Espagnols les apaisèrent en disant que, puisqu'ils leur avaient ôté leurs armes, ils ne pouvaient permettre qu'on les attaquât et qu'on les tuât à coups de fusil. De plus, l'Espagnol qui était alors comme gouverneur de l'île les assura qu'il leur procurerait une satisfaction entière: « car, dit-il, il ne faut pas douter qu'ils ne reviennent à nous quand leur fureur aura eu le temps de se ralentir, puisqu'ils ne sauraient subsister sans notre secours; et nous vous promettons en ce cas qu'ils vous satisferont, à condition que, de votre côté, vous vous engagerez à n'exercer aucune violence contre eux que pour votre propre défense. »

Les deux Anglais y consentirent, mais avec beaucoup de peine; les Espagnols leur protestèrent qu'ils n'avaient point d'autre but que d'empêcher l'effusion du sang parmi eux, et de les rendre tous plus heureux : « car, dirent-ils, nous ne sommes pas si nombreux qu'il n'y ait de la place ici pour nous tous, et c'est une grande pitié que nous ne puissions être tous amis. » Ces paroles les adoucirent à la fin entièrement; ils s'engagèrent à tout ce que les Espagnols voulurent, et restèrent quelques jours avec eux, leur habitation ayant été détruite.

Environ cinq jours après, les trois vagabonds, las de se promener et à moitié morts de faim, ne s'étant soutenus que par quelques œufs de tourterelles, revinrent vers le château, et voyant le commandant espagnol, avec deux autres, se promener sur le bord de la petite baie, ils s'en approchèrent d'une manière assez soumise, et lui demandèrent en grace et avec humilité à être reçus de nouveau dans la famille. L'Espagnol les reçut gracieusement; mais il leur dit qu'ils avaient agi avec leurs propres compatriotes d'une manière si grossière, et avec ses camarades d'une manière si brutale, qu'il lui était impossible d'accorder leur demande sans délibérer là-dessus auparavant avec les Anglais et les autres Espagnols; qu'il allait dans le moment en faire la proposition, et qu'il leur donnerait réponse dans une demi-heure. La faim leur fit paraître la condition d'attendre une demi-heure hors du château extrêmement dure, et, n'en pouvant plus, ils supplièrent le gouverneur de leur donner du pain, ce qu'il fit; il leur envoya en même temps une grosse pièce de chevreau et un perroquet rôti, et ils mangèrent le tout avec un très-grand appétit.

Après avoir attendu le résultat de la délibération pendant la demi-heure stipulée, on les fit entrer, et il y eut une grande dispute entre eux et leurs compatriotes, qui les accusaient de la ruine totale de leur plantation et du dessein de les assassiner. Comme ils s'en étaient vantés auparavant, ils ne purent le nier alors. Le chef des Espagnols fit le médiateur, et, comme il avait porté les deux Anglais à ne point attaquer les trois autres pendant qu'ils seraient désarmés et hors d'état de leur nuire, il obligea aussi les trois scélérats d'aller rebâtir les cabanes ruinées, l'une précisément comme elle avait été, et l'autre plus spacieuse; il leur ordonna de faire de nouveaux enclos, de planter de nouveaux arbres, de semer du blé pour remplacer celui qu'ils avaient ruiné; en un mot, il leur fit remettre tout dans l'état où ils l'avaient trouvé, autant qu'il était possible.

Ils se soumirent à toutes ces conditions, et, comme on leur donnait des vivres en abondance, ils commencèrent à vivre paisiblement, et toute la colonie était fort unie. Il n'y manquait rien, sinon qu'il était impossible de porter les trois vagabonds à travailler pour eux-mêmes.

Néanmoins les Espagnols furent assez obligeants pour leur déclarer que, pourvu qu'ils ne troublassent plus le repos de la société, et qu'ils voulussent prendre à cœur le bien général de la plantation, ils travailleraient pour eux avec plaisir; qu'ils leur permettraient de se promener à leur fantaisie, et d'être aussi fainéants qu'ils le trouveraient à propos. Tout alla parfaitement bien pendant un mois ou deux, et les Espagnols furent assez bons pour leur rendre leurs armes et la liberté dont ils avaient joui auparavant.

Huit jours après cet acte de générosité, ces scélérats, incapables de la moindre reconnaissance, recommencèrent leurs insolences, et se mirent dans la tête le dessein du monde le plus affreux. Ils ne l'exécutèrent pourtant pas alors, à cause d'un accident qui mit toute la colonie en danger, et força les uns et les autres à renoncer à tout ressentiment particulier pour songer à leur propre conservation.

Il arriva, pendant une nuit, que le gouverneur espagnol ne put fermer les yeux, de quelque côté qu'il se tournât. Il se portait très-bien quant au corps; mais il se sentait agité de pensées tumultueuses, quoique d'ailleurs il fût parfaitement éveillé: son cerveau était plein d'images de gens qui se battaient et qui se tuaient les uns les autres. En un mot, étant resté quelque temps au lit dans cette inquiétude, et sentant son agitation redoubler de plus en plus, il se leva. Comme ils étaient tous couchés sur des tas de peaux de chèvres placées dans de petites couches qu'ils avaient dressées pour eux-mêmes, et non pas dans des branles comme le mien, ils avaient peu de chose à faire pour se lever. Il ne leur fallait que se dresser sur leurs pieds, mettre un justaucorps et leurs escarpins, et ils étaient en état de sortir et de vaquer à leurs affaires.

S'étant donc ainsi levé, l'Espagnol sortit; mais l'obscurité l'empêchait de rien voir d'une manière distincte: d'ailleurs il en était empêché par les arbres que j'avais plantés, et qui, parvenus à une grande hauteur, lui barraient la vue, de sorte qu'il ne pouvait que regarder en haut et remarquer que le ciel était serein et parsemé d'étoiles. Il n'entendit pas le moindre bruit, et là-dessus il prit le parti de se recoucher; mais il ne put ni dormir ni se tranquilliser l'esprit : il se sentait toujours l'ame également troublée sans en apercevoir la moindre raison.

Ayant fait quelque bruit en se levant et en se couchant, en sortant et en rentrant, un de ses gens s'éveilla, et demanda qui causait ce trouble : alors le gouverneur lui dépeignit la situation où il se trouvait. « Écoutez, lui dit l'Espagnol : de tels mouvements ne sont pas à négliger, je vous en assure; il y a certainement quelque malheur qui menace nos têtes. Où sont les Anglais ? poursuivit-il.—Il n'y a rien à craindre de ce côté-là, répondit le gouverneur; ils sont dans leurs huttes. » Il paraît que depuis leur dernière mutinerie les Espagnols s'étaient réservé mon château, et qu'ils avaient logé les Anglais dans un quartier à part, d'où ils ne pouvaient venir à eux sans qu'ils y consentissent.

« N'importe, répondit l'Espagnol, il y a ici quelque chose qui ne va pas bien ; sortons d'ici, dit-il, examinons tout : si nous ne trouvons rien qui puisse justifier vos appréhensions, vous recouvrerez votre tranquillité. »

Ils allèrent ensemble sur la colline, d'où j'avais autrefois reconnu le pays en pareil cas en y montant par le moyen d'une échelle que je tirais après moi, afin de parvenir jusqu'au second étage. Comme ils étaient alors en grand nombre dans l'île, ils ne s'avisèrent pas de toutes ces précautions ; ils s'y rendirent tout droit par le bois ; mais ils furent bien surpris en voyant de cette hauteur une grande lumière, et d'entendre la voix de plusieurs hommes.

Dans toutes les occasions où j'avais vu les sauvages débarquer, j'avais pris tout le soin imaginable pour leur cacher que l'île était habitée ; et, quand ils venaient à le découvrir, je le leur faisais sentir d'une manière si rude, que ceux qui s'en échappaient n'en pouvaient donner un récit fort exact ; les seuls qui m'eussent vu, et qui s'en étaient allés en état de le raconter, étaient les trois sauvages qui, dans notre dernière rencontre, s'étaient sauvés dans un canot, et dont la fuite m'avait fort alarmé.

Il n'était pas possible aux Espagnols de savoir si les sauvages étaient débarqués en grand nombre, et s'ils avaient quelque dessein contre eux sur le rapport de ces fugitifs, ou si c'était par la même raison qui les y avait fait venir autrefois. Mais, quoi qu'il en soit, il n'y avait pour eux que deux partis à prendre : ou de se cacher soigneusement et d'employer tous les moyens possibles pour laisser ignorer à ces cannibales que l'île était habitée, ou de tomber sur eux avec tant de vigueur qu'il n'en échappât pas un seul, ce qui ne se pouvait faire qu'en leur coupant le chemin de leurs barques. Malheureusement mes gens n'eurent pas cette présence d'esprit, et ce manque de précaution troubla leur tranquillité pendant un temps considérable.

Le gouverneur et son compagnon, surpris de ce qu'ils voyaient, s'en retournèrent dans le moment pour éveiller leurs camarades, et les instruire du danger qui les menaçait. Ils prirent d'abord l'alarme, mais il fut impossible de leur persuader de se tenir cachés : ils sortirent sur-le-champ pour voir eux-mêmes ce dont il s'agissait.

Le mal n'était pas grand tant qu'il faisait obscur, et ils eurent tout le loisir pendant quelques heures de regarder les sauvages à la clarté de trois feux qu'ils avaient allumés sur le rivage à quelque distance l'un de l'autre. Ils ne pouvaient comprendre quel était leur dessein, et ne savaient que résoudre eux-mêmes. Les ennemis étaient en grand nombre, et ce qu'il y avait de plus alarmant, c'est que, bien loin de se trouver réunis, ils étaient séparés en plusieurs troupes assez éloignées l'une de l'autre.

Ce spectacle jeta les Espagnols dans une terrible consternation ; ils les voyaient rôder partout, et appréhendaient fort que par quelque accident ils ne vinssent à découvrir leur habitation, ou que quelque chose ne leur indiquât que le lieu était peuplé. Ils craignaient surtout pour leur troupeau, qui ne pouvait être détruit sans les mettre en danger de mourir de faim. Pour prévenir ce désastre, ils détachèrent d'abord deux Espagnols et trois Anglais, avec ordre de chasser tout le troupeau dans la grande vallée où était ma grotte, et de le faire entrer dans la grotte même s'il était nécessaire.

Ils résolurent, s'il arrivait que les sauvages se réunissent en une seule troupe et s'éloignassent de leurs canots, de tomber sur eux, quand bien même ils seraient une centaine. Mais il ne fallait pas s'y attendre; il y avait entre leurs petites bandes la distance d'une grande demi-lieue, et, comme il parut ensuite, elles étaient de deux nations différentes.

Après s'être arrêtés quelque temps pour délibérer sur le parti le plus sûr qu'il y avait à prendre dans cette conjoncture, ils résolurent d'envoyer le vieux sauvage, père de Vendredi, pour les reconnaître pendant qu'il faisait encore obscur, et pour se mêler avec eux, afin de savoir leur dessein. Le bon vieillard l'entreprit volontiers, et il partit dans le moment. Après deux heures d'absence, il vint rapporter que c'étaient des partis de deux nations qui étaient en guerre l'une contre l'autre; qu'ils avaient donné une grande bataille dans leur pays, et qu'ayant fait quelques prisonniers de côté et d'autre, ils étaient venus par hasard dans la même île pour faire leur festin et pour se divertir; que dès qu'ils s'étaient découverts mutuellement, leur joie avait été extrêmement troublée, et qu'ils paraissaient dans une si grande rage, qu'il ne fallait pas douter qu'ils ne se battissent de nouveau à l'approche du jour. Il n'avait pas vu d'ailleurs la moindre apparence qu'ils soupçonnassent l'île d'être habitée, et qu'ils s'attendissent à y trouver d'autres gens que leurs ennemis. A peine ce bon homme eut-il fini son rapport, qu'un bruit terrible fit comprendre aux nôtres que les deux armées étaient aux mains, et que le combat devait être furieux.

Le père de Vendredi employa toute son éloquence pour persuader à ceux de l'île de se tenir en repos et de ne pas se montrer. Il leur dit que c'était en cela seul que consistait leur sûreté, que les sauvages ne manqueraient pas de se tuer les uns les autres, et que ceux qui échapperaient du combat s'embarqueraient sur-le-champ. Cette prédiction fut accomplie dans toutes ses circonstances.

Mes gens cependant ne voulurent point entendre raison, particulièrement les Anglais, qui, sacrifiant leur prudence à leur curiosité, sortirent tous pour aller voir le combat. Ils ne laissèrent pas néanmoins d'user de quelque précaution, et, au lieu d'avancer à découvert par devant leur habitation, ils prirent un détour par le bois, et se placèrent avantageusement dans un endroit où ils pouvaient voir tout ce qui se passait sans être aperçus.

La bataille cependant était aussi terrible qu'opiniâtre, et si je puis ajouter foi aux Anglais, il paraissait y avoir dans chacun des deux partis une bravoure extraordinaire, une fermeté invincible, et beaucoup d'adresse à ménager le combat. Il dura deux heures avant qu'on pût voir de quel côté se déclarerait la victoire. Alors la troupe la plus proche des Anglais s'affaiblit, se mit en désordre, et s'enfuit peu de temps après.

Nos gens craignaient fort que quelques-uns

des fuyards ne se jetassent, pour se dérober à la fureur de leurs ennemis, dans la caverne qui était devant leur habitation, et ne découvrissent involontairement que le lieu était habité. Ils craignaient bien plus encore que les vainqueurs ne les y suivissent, et ils résolurent de se tenir avec leurs armes au dedans du retranchement, de faire une sortie sur tous ceux qui voudraient entrer dans la caverne, avec l'intention de les tuer tous, et de les empêcher de donner des nouvelles de leur découverte. Leur dessein était de ne se servir pour cet effet que de leurs sabres ou des crosses de leurs fusils, de peur de faire du bruit et d'en attirer par là un plus grand nombre.

La chose arriva précisément comme ils s'y étaient attendus; trois d'entre les vaincus s'enfuyant de toutes leurs forces, et traversant la baie, vinrent directement vers cet endroit, ne songeant à autre chose qu'à chercher un asile dans ce qui leur paraissait un bois épais. La sentinelle de mes gens vint aussitôt les avertir, en ajoutant, à leur grande satisfaction, que les vainqueurs ne les poursuivaient pas, et semblaient ignorer de quel côté ils s'étaient sauvés : alors le gouverneur espagnol, trop humain pour souffrir qu'on massacrât ces fugitifs, ordonne à trois des nôtres de passer par-dessus la colline, de se glisser derrière eux, de les surprendre, et de les faire prisonniers, ce qui fut exécuté.

Le reste des sauvages s'enfuirent du côté de leurs canots, et se mirent en mer. Pour les vainqueurs, ils ne les poursuivirent pas avec beaucoup d'ardeur; et, s'étant réunis, ils jetèrent deux grands cris, selon toutes les apparences, pour célébrer leur triomphe. Le même jour, à peu près à trois heures de l'après-dînée, ils rentrèrent dans leurs barques, et de cette manière la colonie en fut délivrée et ne revit pas ces hôtes incommodes de plusieurs années.

Après qu'ils se furent tous retirés, les Espagnols sortirent de leur embuscade pour aller examiner le champ de bataille. Ils y trouvèrent environ une trentaine de morts, dont quelques-uns avaient été tués par de grandes flèches qu'on leur voyait encore dans le corps; mais la plupart avaient perdu la vie par des coups terribles de certains sabres de bois, dont mes gens trouvèrent seize ou dix-sept sur la place, avec autant d'arcs et de javelots. Ces sabres étaient d'une pesanteur extraordinaire, et il fallait avoir une force prodigieuse pour les manier comme il faut. La plupart de ceux qui avaient été tués par ces instruments avaient la tête brisée; d'autres les jambes et les bras cassés, ce qui marque clairement qu'ils se battaient avec la dernière animosité. On n'en trouva pas un qui ne fût mort. Leur coutume est, parmi eux, de faire tête à l'ennemi, quoique blessé, jusqu'à la dernière goutte de leur sang; les vainqueurs ne manquent jamais d'emporter leurs propres blessés, et ceux d'entre les ennemis que leurs blessures empêchent de prendre la fuite.

Cet événement adoucit le caractère de mes Anglais pendant quelque temps : un pareil spectacle leur avait donné de l'horreur, et ils tremblaient à la seule idée de ces cannibales, entre les mains desquels ils ne pouvaient tomber sans être tués comme ennemis, et sans leur servir de nourriture comme un troupeau de bétail. Ils m'avouèrent ensuite que la pensée d'être mangés en guise de bœuf ou de mouton, bien que ce malheur ne pût leur arriver qu'après leur mort, avait quelque chose pour eux de si effroyable, qu'elle les remplissait d'horreur, et que pendant plusieurs semaines les images affreuses qui leur roulaient dans l'esprit les avaient presque rendus malades.

Ils furent pendant quelque temps fort traitables, et vaquèrent aux affaires communes de la colonie. Ils plantaient, semaient, faisaient la moisson, comme s'ils eussent vécu dès leur enfance dans ce lieu; mais cette bonne conduite ne fut pas de longue durée, et ils prirent bientôt de nouvelles mesures pour se venger de leurs compatriotes, et se précipitèrent eux-mêmes dans de grands malheurs.

Ils avaient fait trois prisonniers, comme j'ai dit : c'étaient des jeunes gens, alertes et robustes, qui les servirent en qualité d'esclaves, et leur furent d'une grande utilité. Mais ils ne s'y prirent pas, pour gagner leur cœur, de la même manière dont j'avais usé avec Vendredi. Ils négligèrent de les rendre sensibles à l'humanité avec laquelle ils leur avaient sauvé la vie. Bien loin de leur donner quelques principes de religion, ils ne songèrent pas seulement à les civiliser, et à leur inspirer une conduite raisonnable par des instructions sages et accompagnées de douceur. Ils les nourrissaient, mais en récompensè ils les employaient au travail le plus rude, et ils ne s'en faisaient servir que par force. De sorte qu'ils ne pouvaient compter sur eux quand il s'agirait de hasarder leur vie pour leurs maîtres, au lieu que Vendredi était un homme à se précipiter dans une mort certaine pour me tirer du danger.

Quoi qu'il en soit, toute la colonie paraissait liée alors par une sincère amitié, le péril commun en ayant banni pour un temps toute animosité particulière. Dans cette situation, ils se mirent unanimement à délibérer sur leurs intérêts, et la première chose qui leur parut digne d'attention, ce fut d'examiner si, instruits par l'expérience que le côté de l'île qu'ils occupaient était le plus fréquenté par les sauvages, ils ne feraient pas bien de se retirer dans un endroit plus éloigné, non moins propre à leur fournir abondamment la subsistance, et infiniment plus capable de mettre en sûreté leur blé et leur bétail.

Après beaucoup de raisonnements pour et contre, on résolut de ne point changer de demeure, parce qu'il pourrait arriver un jour que le vieux gouverneur leur envoyât quelqu'un qui les chercherait probablement en vain s'ils s'éloignaient de son ancienne demeure, et qui les croirait tous péris s'il voyait son château détruit : ce qui les priverait à jamais de tous les secours que j'aurais la bonté de leur donner. Mais pour leur blé et leur bétail, ils tombèrent d'accord de les reculer dans la vallée où était ma grotte, et où il y avait une grande étendue de fort bonne terre. Cependant, après y avoir pensé plus mûrement, ils changèrent de dessein, et prirent la résolution de n'envoyer dans cette vallée qu'une partie de leur bétail, et de n'y semer que la moitié de leur blé, afin que, si par quelque désastre une partie en était détruite, le reste pût être hors d'atteinte, et leur fournir le moyen de réparer cette perte.

Ils prirent un parti fort prudent à l'égard de leurs prisonniers; ce fut de leur cacher soigneusement le bétail qu'ils nourrissaient dans cette vallée, et la plantation qu'ils avaient jugé à propos d'y faire. Surtout ils ne les laissèrent jamais approcher de la grotte, qu'ils considéraient comme asile sûr, en cas d'extrême nécessité, et où ils avaient caché les deux barils de poudre que je leur avais laissés en partant.

J'avais mis mon château à couvert par un retranchement et par un bois assez épais; ils virent aussi bien que moi que toute la sûreté consistait à n'être pas découverts, et conséquemment ils résolurent de rendre leur habitation de plus en plus invisible. Pour cet effet, voyant que j'avais planté des arbres à une grande distance de l'entrée de ma demeure, ils suivirent le même plan, et en couvrirent tout l'espace qu'il y avait entre mon bocage et le côté de la baie où autrefois j'avais abordé avec mes radeaux. Ils poussèrent leur plantation jusqu'à l'endroit marécageux que la marée inondait, sans laisser le moindre lieu commode pour débarquer, ni la moindre trace qui pût le faire entreprendre.

Les arbres de cette espèce croissent en fort peu de temps ; ceux qu'ils plantèrent étant beaucoup plus grands et plus avancés que je ne les avais choisis, n'ayant d'autre dessein que de mettre des palissades devant ma fortification, à peine eurent-ils été en terre pendant trois ou quatre ans, que, se trouvant fort près l'un de l'autre, ils formèrent une haie impénétrable à la vue même. A l'égard de ceux que j'avais plantés, et dont le tronc était de la grosseur de la cuisse, ils en mirent un si grand nombre de jeunes, et les placèrent si serrés, que, pour pénétrer par force dans le château, il aurait fallu une armée entière qui s'y fît une entrée à coups de hache, car à peine un petit chien aurait-il pu passer au travers.

Ils pratiquèrent la même chose des deux côtés de mon habitation, et par-derrière; ils couvrirent d'arbres toute la colline, ne se laissant pas à eux-mêmes d'autre sortie que par le moyen de mon échelle, qu'ils tiraient après eux pour monter sur le second étage, précisément comme je m'y étais pris autrefois moi-même. Ainsi, quand l'échelle n'y était pas, il fallait des ailes ou du sortilége pour mettre quelqu'un en état de venir à eux.

Il n'y avait rien là qui ne fût parfaitement bien imaginé, et ils virent ensuite que toutes ces précautions n'avaient pas été inutiles.

Ils vécurent de cette manière deux années dans une parfaite tranquillité, sans recevoir la moindre visite de leurs incommodes voisins. Un matin seulement, quelques Espagnols ayant été de fort bonne heure du côté occidental de l'île, ils furent surpris par la vue d'une vingtaine de canots qui paraissaient sur le point d'aborder, et revinrent au logis à toutes jambes, dans une grande consternation.

Il fut résolu de se tenir clos et couvert pendant tout ce jour et le suivant, ne sortant que la nuit pour aller à la découverte ; mais heureusement les sauvages ne débarquèrent point : ils avaient apparemment poussé plus loin pour exécuter quelque autre entreprise.

Peu de temps après, les Espagnols eurent avec les trois Anglais une nouvelle querelle. Un d'entre eux, le plus violent de tous les hommes, fort en colère contre un esclave, parce qu'il n'avait pas bien fait quelque ouvrage, et qu'il avait marqué quelque dépit quand on avait voulu le redresser, saisit une hache, non pour le punir, mais pour le tuer.

Il avait envie de lui fendre la tête, mais la rage ne lui permettant pas de bien diriger son coup, l'instrument tomba sur l'épaule du pauvre esclave; un des Espagnols, croyant qu'il lui avait coupé un bras, accourut pour le prier de ne pas massacrer ce malheureux, et pour l'en empêcher par force, s'il était nécessaire. Alors ce furieux se jeta sur l'Espagnol lui-même, en jurant qu'il le tuerait à la place du sauvage ; mais l'autre évita le coup, et avec une pelle qu'il avait à la main, car ils étaient tous occupés au labourage, il le terrassa. Un autre Anglais, voyant son compagnon à terre, se précipite sur l'Espagnol, et le terrasse à son tour. Deux autres Espagnols vinrent au secours de celui-ci, et le troisième Anglais se rangea du côté des deux autres. Ils n'avaient point d'armes à feu ni les uns ni les autres, mais assez de haches et d'autres outils pour s'assommer. Il est vrai qu'un des Anglais avait un sabre caché sous ses habits, avec lequel il blessa les deux Espagnols qui étaient venus pour seconder leurs compagnons. Toute la colonie fut en confusion, et les Anglais furent faits prisonniers tous trois. On délibéra d'abord sur ce qu'on en ferait. Ils avaient déja excité tant de troubles, ils étaient si furieux, et de plus si grands paresseux, qu'ils ne faisaient que nuire à cette petite société, sans lui être utiles en aucune manière; d'ailleurs c'étaient des traîtres et des perfides, et le crime ne leur coûtait rien.

Le gouverneur leur déclara ouvertement que, s'ils étaient de son pays, il les ferait pendre, puisque les lois de tous les gouvernements tendent à la conservation de la société, et qu'il est juste d'en ôter ceux qui tâchent de la détruire; mais qu'étant Anglais, il voulait les traiter avec la plus grande douceur, en considération d'un homme de leur nation, auquel ils devaient tous la vie, et qu'il les abandonnerait au jugement de leurs deux compatriotes.

Là-dessus un de ces derniers se leva, et pria qu'on le dispensât de cette commission; puisqu'il serait obligé, en conscience, de les condamner à être pendus. Ensuite il raconta comment Guillaume Atkins leur avait fait la proposition de se joindre tous cinq pour assassiner les Espagnols pendant leur sommeil.

Le gouverneur, entendant une accusation si terrible, se tourna vers le scélérat. « Comment donc, Atkins, lui dit-il, vous avez voulu nous assassiner? Qu'avez-vous à répondre? » Ce malheureux était si éloigné de le nier, qu'il en convint effrontément, en jurant qu'il était encore dans le même dessein.

« Mais, Atkins, reprit l'Espagnol, qu'est-ce que nous vous avons fait pour mériter un pareil traitement, et que gagneriez-vous en nous massacrant? Que faut-il que nous fassions pour vous en empêcher? Pourquoi faut-il que vous nous mettiez dans la nécessité ou de vous tuer ou d'être tués par vous? Vous avez grand tort de nous réduire à cette cruelle alternative. »

La manière calme et douce dont l'Espagnol prononça ces paroles fit croire à Atkins qu'il se moquait de lui; alors il se mit dans une telle fureur, que, s'il avait eu des armes, et s'il n'eût été retenu par trois hommes, il est à croire qu'il aurait tué le gouverneur au milieu de toute la compagnie.

Cette rage inconcevable les contraignit à songer sérieusement au parti qu'ils prendraient à l'égard de ces furieux. Les deux Anglais, et l'Espagnol qui avait empêché la mort de l'esclave, opinèrent qu'il fallait en pendre un, pour servir d'exemple aux autres; et que ce devait être celui qui dans le moment avait voulu commettre deux meurtres avec sa hache. Il paraît effectivement qu'il avait eu ce dessein-là, car il avait si cruellement blessé le pauvre sauvage, qu'on croyait impossible qu'il en réchappât.

Le gouverneur, néanmoins, ne fut pas de cet avis; il répéta encore que c'était à un Anglais qu'ils étaient tous redevables de la vie, et qu'il ne consentirait pas à la mort d'un seul homme de cette nation, quand ils auraient massacré la moitié de ses gens. Il ajouta que, s'il était assassiné lui-même par un Anglais, il emploierait ses dernières paroles à les prier de lui faire grace.

Il insista là-dessus avec tant de force, qu'il fut impossible de le dissuader; et comme d'ordinaire l'opinion qui tend le plus vers la clémence prévaut dans un conseil quand elle est soutenue avec vigueur, ils entrèrent tous dans le sentiment de cet honnête homme. Il fallait pourtant songer aux moyens d'empêcher l'exécution de la barbare entreprise des criminels, et délivrer une fois pour toutes la petite société de ses appréhensions si bien fondées. On délibéra avec beaucoup d'attention, et l'on convint à la fin unanimement qu'ils seraient désarmés, et qu'on ne leur permettrait d'avoir ni fusil, ni poudre, ni plomb, ni sabre, ni aucune arme offensive.

Qu'il serait défendu, tant aux Espagnols qu'aux Anglais, de leur parler, ou d'avoir le moindre commerce avec eux.

Qu'ils seraient chassés pour toujours de la société, permis à eux de vivre où et de quelle manière ils le trouveraient à propos.

Qu'ils se tiendraient toujours à une certaine distance du château, et que, s'ils commettaient le moindre désordre dans la plantation, le blé ou le bétail appartenant à la société, il serait permis de les tuer, comme des animaux malfaisants, partout où on les trouverait.

Le gouverneur, dont l'humanité était au-dessus de tout éloge, ayant réfléchi sur le contenu de cette sentence, se tourna du côté des deux Anglais, et les pria de considérer que leurs malheureux compatriotes ne pouvaient avoir d'abord du grain et du bétail; que par conséquent il fallait leur donner quelques provisions pour ne pas les réduire à mourir de faim. On en convint, et on résolut de leur donner du blé pour subsister pendant huit mois, et pour semer, afin qu'ils en recueillissent après ce temps-là de leur crû. On ajouta six chèvres qui donnaient du lait, quatre boucs, et six chevreaux destinés en partie à leur nourriture, et en partie à leur former un nouveau troupeau. On ajouta encore tous les outils nécessaires, six haches, une scie, mais à condition qu'ils s'engageraient, par un serment solennel, à ne les employer jamais contre leurs compatriotes ni contre les Espagnols, et qu'ils ne songeraient de leur vie à leur causer le moindre dommage.

C'est ainsi qu'ils furent chassés de la société. Ils s'en allèrent d'un air très-mécontent, sans vouloir prêter le serment qu'on exigeait d'eux avec tant de justice. Ils dirent qu'ils allaient chercher un endroit pour s'établir, et pour y faire une plantation, et on leur donna quelque peu de vivres, mais point d'armes.

Quatre ou cinq jours après ils revinrent de nouveau pour chercher des provisions, et ils indiquèrent au gouverneur l'endroit qu'ils avaient marqué pour y demeurer et pour y planter. C'était un lieu fort convenable, dans l'endroit le plus éloigné de l'île, du côté du nord-est, assez près de la côte où j'avais abordé dans mon premier voyage, après avoir été emporté par les courants en pleine mer.

Ils se bâtirent deux jolies cabanes sur le modèle de mon château, au pied d'une colline environnée de quelques arbres de plusieurs côtés ; de manière qu'en en plantant un petit nombre d'autres, ils se mirent entièrement à couvert, à moins qu'on ne les cherchât avec beaucoup de soin. Ils demandèrent quelques peaux de chèvres pour leur servir de lits et de couvertures, et elles leur furent données. Étant alors d'une humeur plus pacifique, ils s'engagèrent solennellement à ne rien entreprendre contre la colonie ; et à cette condition on leur donna tous les outils dont on pouvait se passer. On y ajouta des pois, du millet et du riz, pour semer ; en un mot, tout ce dont ils pouvaient avoir besoin, excepté seulement des armes et des munitions.

Ils vécurent dans cet état environ six mois, et ils firent leur moisson, qui était peu considérable, parce qu'ayant tant d'autres choses à faire, ils n'avaient eu le loisir que de défricher un fort petit terrain.

Quand ils se mirent à faire des planches et des pots, ils furent terriblement embarrassés, et ils ne firent rien qui vaille. Ce fut une nouvelle peine pour eux quand vint la saison pluvieuse, n'ayant point de cave pour mettre leur grain à l'abri de toute humidité. Cet inconvénient les humilia au point de leur faire demander le secours des Espagnols, qui leur en accordèrent volontiers. En moins de quatre jours ils creusèrent une cave dans un des côtés de la colline, suffisamment grande pour mettre leur grain et leurs autres provisions à l'abri; mais c'était peu de chose en comparaison de la mienne, surtout dans l'état où elle fut lorsque les Espagnols l'eurent élargie considérablement, et qu'ils y eurent ajouté plusieurs appartements.

Environ neuf mois après cette séparation, il leur prit un nouveau caprice dont les suites, jointes à celles de leurs crimes passés, les mirent dans un grand danger aussi bien que toute la colonie. Fatigués de leur vie laborieuse, et sans espérance d'une plus heureuse situation pour l'avenir, ils se mirent en tête de faire un voyage sur le continent d'où les sauvages étaient venus, pour essayer de faire quelques prisonniers propres à les décharger du travail le plus rude.

Ce projet n'était pas si mauvais, s'ils s'y étaient pris avec modération ; mais ces malheureux ne faisaient rien sans qu'il y eût quelque crime ou dans le projet ou dans l'exécution.

Ces trois compagnons en scélératesse vinrent un matin à mon château, demandant, avec beaucoup d'humilité, qu'il leur fût permis de parler aux Espagnols. Ces derniers y consentant, ils leur dirent qu'ils étaient fatigués de leur manière de vivre, qu'ils n'étaient pas assez adroits pour faire les choses qui leur étaient nécessaires, et que n'ayant aucun secours pour en venir à bout, ils mourraient de faim indubitablement ; que, si les Espagnols voulaient leur permettre de prendre un des canots qui avaient servi à les transporter, et leur donner des armes et des munitions pour pouvoir se défendre, ils iraient chercher fortune sur le continent, et les délivreraient ainsi de l'embarras de leur fournir des provisions.

Les Espagnols n'auraient pas été fâchés d'en être défaits, mais ils ne laissèrent pas de leur représenter charitablement qu'ils allaient se perdre de propos délibéré, et qu'ils savaient par leur propre expérience qu'ils devaient s'attendre à mourir de misère sur le continent.

Ils répondirent, d'une manière déterminée, qu'ils périraient tous dans l'île, car ils ne pouvaient ni ne voulaient travailler, et que, s'ils avaient le malheur d'être massacrés, ils mettraient par là fin à toutes leurs misères; que dans le fond ils n'avaient ni femmes ni enfants qui perdissent quelque chose par leur mort; en un mot, qu'ils étaient résolus de partir quand même on leur refuserait des armes.

Les Espagnols leur répliquèrent avec beaucoup d'honnêteté que, s'ils voulaient absolument suivre ce dessein, ils ne permettraient pas qu'ils le fissent sans avoir de quoi se défendre, et que, malgré la disette d'armes à feu où ils étaient eux-mêmes, ils leur donneraient deux mousquets, un pistolet, un sabre et trois haches, ce qui était tout ce qu'il leur fallait.

Les trois aventuriers acceptèrent l'offre. On leur remit du pain pour plus d'un mois, autant de chevreau frais qu'ils en pouvaient manger pendant qu'il serait bon, un grand panier rempli de raisins secs, un pot rempli d'eau fraîche, et un jeune chevreau vivant. Avec ces provisions ils se mirent hardiment dans le canot, quoique le passage fût au moins de quarante milles.

La barque était assez grande pour porter une vingtaine d'hommes, et par conséquent elle était plutôt embarrassante dans cette occasion que trop petite; mais, comme ils avaient un vent frais et la marée favorable, ils la manièrent assez bien. Ils avaient mis, en guise de mât, une grande perche, avec une voile de quatre peaux de chèvres séchées et cousues ensemble. Ils s'embarquèrent dans un très-bon appareil, et les Espagnols leur souhaitèrent un heureux voyage, sans s'attendre à les revoir jamais.

Ceux qui étaient restés dans l'île, Anglais

et Espagnols, ne pouvaient s'empêcher de se féliciter de temps en temps de la manière paisible dont ils vivaient ensemble depuis que ces gens intraitables s'en étaient allés. Le retour de ces hommes sanguinaires était la chose du monde qu'ils attendaient le moins, quand, après une absence de vingt-deux jours, un des Anglais, s'occupant dans sa plantation, aperçut tout d'un coup trois étrangers s'avançant de son côté avec des armes à feu.

D'abord il se mit à fuir comme le vent, et tout effrayé il alla dire au gouverneur espagnol que c'en était fait d'eux, et qu'il y avait des étrangers qui étaient débarqués dans l'île, sans qu'il pût dire quelles gens c'étaient. L'Espagnol, après avoir réfléchi pendant quelques moments, lui demanda ce qu'il voulait dire par là; qu'il ne savait pas quelles gens c'étaient, et que ce devaient être assurément des sauvages. « Non, non, répondit l'Anglais, ce sont des gens habillés, et avec des armes à feu. — Eh bien! dit l'Espagnol, de quoi vous troublez-vous donc, si ce ne sont pas des sauvages? Ils sont nos amis; car il n'y a point de nation chrétienne au monde qui ne soit plutôt portée à nous faire du bien que du mal. »

Pendant qu'ils étaient dans cette conversation, les Anglais, qui se tenaient derrière les arbres nouvellement plantés, se mirent à crier de toutes leurs forces. On reconnut d'abord leur voix, et la première surprise fit aussitôt place à une autre.

On commença d'abord à s'étonner d'un si prompt retour, dont il était impossible de deviner la cause.

Avant de les faire entrer, on trouva bon de les questionner sur l'endroit où ils s'étaient rendus. Ils répondirent en peu de mots qu'ils avaient fait la traversée en deux jours, qu'ils avaient vu sur le rivage où ils avaient dessein d'aborder une prodigieuse quantité d'hommes qui paraissaient alarmés à leur aspect, et qui se préparaient à les recevoir à coups de flèches et de javelots s'ils eussent osé mettre pied à terre; ils avaient rasé les côtes du côté du nord l'espace de six ou sept lieues, et ils s'étaient aperçus que ce que nous prenions pour le continent était une île; bientôt après ils avaient découvert une autre île à main droite du côté du nord, et beaucoup d'autres du côté de l'ouest. Étant résolus d'aller à terre à quelque prix que ce fût, ils étaient passés du côté d'une de ces îles occidentales, et avaient débarqué hardiment; là ils avaient trouvé le peuple honnête et sociable, et ils en avaient reçu plusieurs racines et quelques poissons secs; les femmes paraissaient disputer aux hommes le plaisir de leur fournir des vivres, qu'elles étaient obligées de porter sur leur tête pendant un assez long chemin.

Ils restèrent là quatre jours, et demandèrent par signes, du mieux qu'ils purent, quelles étaient les nations des environs. Les sauvages leur firent entendre que c'étaient des peuples cruels, habitués à manger des hommes; mais que pour eux ils ne mangeaient ni hommes ni femmes, excepté les prisonniers de guerre, dont la chair leur fournissait un festin de triomphe.

Les Anglais leur demandèrent, de la même manière, quand ils avaient eu un pareil festin. Ils leur firent comprendre qu'il y avait deux mois, en étendant la main du côté de la lune, et montrant deux de leurs doigts. Ils ajoutèrent que leur roi était maître de deux cents prisonniers qu'il avait faits dans une bataille, et qu'on les engraissait pour le festin prochain. Les Anglais parurent à ce sujet fort curieux de voir ces prisonniers; mais les sauvages, les entendant mal, s'imaginèrent qu'ils souhaitaient d'en avoir quelques-uns pour les manger, et, montrant du bout du doigt le couchant et ensuite l'orient, ils leur firent entendre qu'ils leur en apporteraient le lendemain. Ils tinrent leur parole, et leur amenèrent cinq femmes et onze hommes, dont ils leur firent présent, de la même manière que nous amenons vers quelque port de mer des bœufs et des vaches pour avitailler un vaisseau.

Quoique mes scélérats eussent donné dans notre île les plus grandes marques de barbarie, l'idée seule de manger ces prisonniers leur fit horreur. Le grand nombre de ces pauvres gens était embarrassant; cependant ils n'osèrent refuser un présent de cette valeur; c'eût été faire un cruel affront à cette nation sauvage. Ils se déterminèrent enfin à l'accepter, et donnèrent en récompense à ceux qui les en avaient gratifiés une de leurs haches, une vieille clef, un couteau, et cinq ou six balles de fusil, qui leur plaisaient fort, quoiqu'ils en ignorassent l'usage. Ensuite les sauvages, liant les pauvres captifs les mains derrière le dos, les portèrent eux-mêmes dans le canot.

Les Anglais furent obligés de quitter le rivage dans le moment, de peur que, s'ils fussent restés à terre, la bienséance ne les eût forcés de tuer quelques-uns de ces malheureux, de les mettre à la broche, et de prier à dîner ceux qui avaient eu la générosité de les pourvoir de cette belle provision.

Ayant donc pris congé de leurs hôtes avec toutes les marques de reconnaissance qu'il est possible de donner par signes, ils remirent en mer, et s'en retournèrent vers la première île, où ils rendirent la liberté à huit de leurs prisonniers, trouvant le nombre qu'ils en avaient trop grand pour ne leur être pas à charge.

Pendant le voyage, ils travaillèrent de leur mieux à lier quelque commerce avec les sauvages ; mais il fut impossible de leur faire comprendre quelque chose : ils s'étaient si fortement mis dans l'esprit qu'ils allaient bientôt servir de pâture à leurs possesseurs, qu'ils croyaient que tout ce qu'on leur disait et que tout ce qu'on leur donnait tendait uniquement à ce triste but.

On commença d'abord par les délier, ce qui leur fit pousser des cris terribles, surtout aux femmes, comme si elles avaient déja le couteau sur la gorge ; car, à s'en rapporter aux coutumes de leur pays, ils ne pouvaient qu'en conclure qu'on les allait égorger dans le moment.

Leurs craintes n'étaient guère moindres quand on leur donnait à manger. Ils s'imaginaient que c'était dans le dessein de conserver leur embonpoint pour les dévorer avec plus de volupté. Si les Anglais fixaient les yeux particulièrement sur quelqu'une de ces misérables créatures, celui sur qui ces regards tombaient s'imaginait aussitôt qu'on le trouvait le plus gras et le plus propre à être mis en pièces le premier. Lors même qu'ils furent arrivés à notre île, et qu'on les traitait avec beaucoup de douceur, ils s'attendaient tous les jours, pendant quelque temps, à servir de dîner ou de souper à leurs maîtres.

Lorsque les trois aventuriers eurent fini le merveilleux journal de leur voyage, le gouverneur leur demanda où étaient leurs nouveaux domestiques. Ayant appris qu'ils les avaient amenés dans une de leurs cabanes, et qu'ils venaient exprès demander des vivres, il résolut de s'y transporter avec toute la colonie, sans oublier le père de Vendredi.

Ils les trouvèrent dans la hutte, tous liés; car leurs maîtres avaient jugé nécessaire d'user de précaution, de peur que, pendant leur absence, ils ne prissent le parti de se sauver avec le canot. Ils étaient tous assis à terre. Il y avait trois hommes âgés d'environ trente à trente-cinq ans, tous bien tournés, et paraissant être adroits et robustes. Le reste consistait en cinq femmes, parmi lesquelles il y en avait deux de trente à quarante ans, deux de vingt-cinq ou vingt-six, et une grande fille bien faite de seize ou dix-sept : elles étaient toutes bien proportionnées pour la taille et pour les traits, mais d'une couleur un peu tannée. Il y en avait deux qui, si elles eussent été parfaitement blanches, auraient pu passer pour de belles femmes à Londres même : elles avaient quelque chose d'extrêmement gracieux dans l'air du visage, et toute leur contenance était fort modeste.

Les Espagnols avaient toute la pitié possible de ces pauvres gens, les voyant dans la plus triste situation et dans la plus mortelle inquiétude qu'on puisse s'imaginer, puisqu'ils s'attendaient à chaque moment à être traînés hors de la cabane pour être massacrés et pour servir d'aliments à leurs maîtres.

Afin de les tranquilliser, ils ordonnèrent au père de Vendredi d'aller voir s'il en connaissait quelqu'un, et s'il entendait quelque chose à leur langage. Le bon homme les regarda fort attentivement; mais il n'en reconnut pas un seul. Il avait beau parler, personne ne comprit d'abord ses paroles ni ses signes, excepté une des femmes. C'en était assez pour qu'on pût leur faire comprendre que leurs maîtres étaient chrétiens, qu'ils avaient en horreur les festins de chair humaine, et qu'ils pouvaient être sûrs qu'on ne les égorgerait pas.

Dès qu'ils en furent persuadés, ils marquèrent une joie extraordinaire par mille postures comiques toutes différentes ; ce qui faisait voir qu'ils étaient de diverses nations.

La femme qui faisait l'office d'interprète eut ordre de leur demander s'ils consentaient à être esclaves, et à consacrer leur travail aux hommes qui les avaient amenés afin de leur sauver la vie. Sur cette question, ils se mirent tous à danser et à prendre l'un une chose, l'autre une autre, et à les porter vers la cabane, pour marquer qu'ils étaient prêts à rendre à leurs maîtres toutes sortes de services.

Ensuite, sur la proposition du gouverneur, les cinq Anglais convinrent de prendre chacun une femme, et ils vécurent ainsi d'une manière toute nouvelle. Les Espagnols et le père de Vendredi continuèrent à demeurer dans mon ancienne habitation ; ils avaient avec eux les trois esclaves faits prisonniers, lorsque les sauvages avaient livré bataille : c'était là, pour ainsi dire, la capitale de la colonie, dont les autres tiraient des vivres et toute espèce de secours, selon que la nécessité l'exigeait.

Après leur union avec les Indiennes, nos Anglais se mirent à travailler; aidés par les Espagnols, ils bâtirent en peu d'heures cinq nouvelles cabanes pour y loger, les autres étant, pour ainsi dire, toutes remplies de leurs meubles, de leurs outils et de leurs provisions. Les trois mauvais sujets avaient choisi l'endroit le plus éloigné, et les deux autres le plus voisin de mon château; mais les uns et les autres s'étaient logés vers le nord de l'île, de manière qu'ils continuèrent à faire bande à part, et qu'il y avait dans mon île un commencement de trois villes différentes.

Remarquons ici combien il est difficile aux hommes de pénétrer les secrets de la Providence divine. Il arriva justement que les deux honnêtes gens eurent en partage les femmes qui avaient le moins de mérite, au lieu que les trois scélérats, qui n'étaient bons à rien, incapables de faire du bien aux autres et à eux-mêmes, eurent des femmes adroites, diligentes, industrieuses, et bonnes ménagères. Je ne veux pas dire par là que les autres fussent d'un mauvais naturel ; elles étaient toutes cinq également douces, patientes, tranquilles et soumises, plutôt comme esclaves que comme femmes ; je veux seulement faire entendre que les deux dont il s'agit ici étaient moins habiles que les autres et moins laborieuses.

Je dois ajouter ici une remarque en l'honneur des esprits appliqués, et à la honte des naturels paresseux et négligents. Lorsque j'allai voir les différentes plantations et la manière dont chaque petite colonie les gouvernait, je trouvai que celle des Anglais honnêtes gens surpassait tellement celle des trois vauriens, qu'il n'y avait pas la moindre comparaison à faire. Il est vrai que les uns et les autres avaient cultivé autant de terre qu'il était nécessaire pour y semer du blé suffisamment ; mais rien n'était plus aisé que de remarquer une très-grande différence dans la manière dont chaque petite colonie s'y était prise pour rendre les terres fertiles, et pour les enfermer dans des enclos.

Les deux honnêtes gens avaient planté autour de leur cabane une quantité prodigieuse d'arbres qui la rendaient inaccessible et qui en cachaient la vue; et, bien que leur plantation eût été deux fois ruinée, la première fois par leurs propres compatriotes, et la seconde par les sauvages, comme on va le voir, tout était déja rétabli et aussi florissant que jamais. Leurs vignes étaient rangées comme si elles étaient venues des pays où elles se plaisent le plus, et les raisins en étaient aussi bons que ceux de l'île, quoique leurs vignes fussent beaucoup plus jeunes que celles des autres, pour les raisons que je viens d'alléguer. De plus, ils s'étaient pratiqué une retraite dans le plus épais du bois, où, par un travail assidu, ils avaient creusé une cave qui leur servit beaucoup dans la suite pour y cacher leur famille quand ils furent attaqués par les barbares. Ils avaient planté tout autour un si grand nombre d'arbres, qu'elle n'était accessible que par de petits chemins qu'ils étaient seuls capables de trouver.

Pour les trois autres, quoique leur nouvel établissement les eût bien civilisés en comparaison de leur brutalité passée, et qu'ils ne donnassent plus de si fortes marques de leur humeur mutine et querelleuse, il leur restait toujours un des caractères d'un cœur vicieux, je veux dire la paresse. Ils avaient semé du blé, construit des enclos, et parfaitement vérifié ces paroles de Salomon : « Je passai dans la vigne du paresseux, et elle était toute couverte d'épines. » Quand les Espagnols vinrent pour voir la moisson de ces trois Anglais, ils ne la purent découvrir qu'à peine à travers les mauvaises herbes. Il y avait dans leur haie plusieurs trous que les boucs sauvages avaient faits pour manger les épis, et ils les avaient bouchés d'une manière telle quelle.

La plantation des deux autres, au contraire, offrait partout un air d'application et de prospérité. On ne découvrait pas une mauvaise herbe entre leurs épis, ni la moindre ouverture dans leur haie. Ils vérifiaient cet autre passage de Salomon : « La main diligente enrichit. » Tout germait, tout croissait chez eux : ils jouissaient d'une pleine abondance ; ils avaient plus de bétail que les autres, plus de meubles, plus d'ustensiles, et en même temps plus de moyens de se distraire.

Il est vrai que les femmes des trois premiers, très-propres, très-adroites, ménageaient parfaitement tout ce qui regardait l'économie intérieure, et qu'ayant appris la cuisine anglaise, elles donnaient fort convenablement à manger à leurs maris, tandis qu'il avait été impossible d'y former les deux autres; mais, en récompense, celui qui avait été cuisinier s'en acquittait très-bien sans négliger aucune de ses occupations. Les trois fainéants n'avaient d'autre affaire que de parcourir toute l'île, de chercher des œufs de tourterelles et de chasser; en un mot, ils s'occupaient de tout, excepté de ce qui était nécessaire. En récompense, ils vivaient comme des mendiants, au lieu que la manière de vivre des autres était agréable et aisée.

J'en viens à présent à une scène tragique différente de tout ce qui était arrivé auparavant à la colonie et à moi-même; en voici le récit fidèle et circonstancié.

Un jour, de fort bon matin, cinq ou six canots pleins de sauvages abordèrent, sans doute dans l'intention ordinaire de faire quelque festin. Cet accident était devenu si familier à la colonie, qu'elle ne s'en mettait plus en peine, et qu'elle ne songeait qu'à se tenir cachée, persuadée que, si elle n'était pas découverte par les sauvages, ils se rembarqueraient dès qu'ils auraient consommé leurs provisions, puisqu'ils n'avaient pas la moindre idée des habitants de l'île. Celui qui avait fait une pareille découverte, se contentait d'en donner avis à toutes les plantations, afin qu'on se tînt clos et couvert, en plaçant seulement une sentinelle pour les avertir du rembarquement des sauvages.

Ces mesures étaient justes, mais un désastre imprévu les rendit inutiles, et faillit causer la ruine de toute la colonie, en la découvrant aux barbares. Dès que les canots des sauvages furent remis en mer, les Espagnols sortirent de leur retraite, et quelques-uns d'entre eux eurent la curiosité d'aller examiner le lieu du festin. A leur grand étonnement, ils y trouvèrent trois sauvages étendus à terre, et ensevelis dans un profond sommeil ; apparemment ils s'étaient tellement remplis de leurs horribles mets, qu'ils s'endormirent comme des brutes, sans vouloir se lever lorsque leurs compagnons partirent : ou bien ils s'étaient peut-être égarés dans le bois, et n'étaient pas venus assez à temps pour se rembarquer avec eux.

Quoi qu'il en soit, les Espagnols en étaient fort embarrassés, et le gouverneur, consulté sur cet accident, était aussi embarrassé que les autres. Ils avaient des esclaves autant qu'il leur en fallait, et ils n'étaient pas d'humeur à tuer ceux-ci de sang-froid. Les pauvres gens ne leur avaient pas fait le moindre tort, et ils n'avaient aucun sujet de guerre légitime contre eux, qui pût les autoriser à les traiter en ennemis.

Je dois rendre ici cette justice aux Espagnols, que, malgré tout ce qu'on raconte des cruautés que cette nation a exercées dans le Mexique et dans le Pérou, je n'ai de ma vie vu, dans aucun pays, dix-sept hommes, de quelque nation que ce fût, si modestes, si modérés, si vertueux, si polis et d'un si bon naturel. Ils n'étaient pas capables de la moindre inhumanité ni d'aucune passion violente, et cependant ils avaient tous une valeur extraordinaire et une noble fierté. La douceur de leur tempérament, et l'empire qu'ils exerçaient sur leurs passions, avaient suffisamment paru dans la manière dont ils s'étaient conduits avec les trois Anglais; et dans cette circonstance ils donnèrent la plus belle preuve de leur humanité et de leur justice.

Le parti le plus naturel qu'il y eût à prendre, c'était de se retirer et de donner par là le temps à ces sauvages de s'éveiller et de sortir de l'île: mais une circonstance rendait ce parti inutile. Ils n'avaient point de barque, et s'ils se mettaient à rôder dans l'île, ils pouvaient découvrir les plantations, et par là causer la ruine de la colonie.

Voyant donc qu'ils continuaient à dormir, ils résolurent de les éveiller et de les faire prisonniers. Ces pauvres gens furent extrêmement surpris quand ils se virent saisis et liés, et parurent agités d'abord par les mêmes craintes qu'on avait remarquées dans les femmes de nos Anglais; car il semble que ces peuples s'imaginent que leur coutume de manger les hommes soit généralement suivie par toutes les nations. Mais on les délivra bientôt de ces frayeurs, et on les mena dans le moment même à une des plantations.

Par bonheur on ne les conduisit pas à mon château ; ils furent d'abord amenés à ma maison de campagne, qui était la ferme principale, et ensuite on les transporta jusqu'à l'habitation des deux Anglais.

Là, ces Anglais les firent travailler, quoiqu'ils n'eussent pas grand'chose à faire pour eux ; et n'y prenant pas garde de si près, parce qu'ils n'en avaient guère besoin, ou qu'ils les trouvaient incapables de bien apprendre le labourage, ils s'aperçurent qu'un des trois s'était échappé, et, quelque recherche qu'on fît, on ne put le retrouver. On finit par penser qu'il avait trouvé moyen de revenir chez lui avec les canots de quelques sauvages qui, par les motifs ordinaires, avaient fait deux mois après quelque séjour dans l'île.

Cette pensée effraya extrêmement tous mes colons ; ils en conclurent que, s'il revenait parmi ses compatriotes, il ne manquerait pas de les informer que l'île était habitée. Par bonheur il n'avait jamais été instruit du nombre des habitants et de leurs différentes plantations. Il n'avait jamais vu ni entendu l'effet de leurs armes à feu; et ils n'avaient eu garde de lui découvrir aucune de leurs retraites, telles que ma grotte dans la vallée et la cave que les Anglais s'étaient creusée.

La première certitude qu'ils eurent de n'àvoir que trop bien conjecturé, c'est que, deux mois après, six canots, montés par sept, huit ou dix sauvages, vinrent raser la côte septentrionale de l'île, où ils n'étaient jamais venus auparavant, et y débarquèrent une heure après le lever du soleil, à un mille de distance de l'habitation des deux Anglais, où avait demeuré l'esclave en question.

Si toute la colonie s'était trouvé de ce côté-là, le mal n'aurait pas été si grand, et, selon toutes les apparences, aucun des ennemis n'eût échappé. Mais il n'était pas possible à deux hommes d'en repousser une cinquantaine, et de les combattre avec succès.

Les deux Anglais les avaient découverts en mer à une lieue de distance, par conséquent il se passa une heure avant qu'ils fussent à terre; et comme ils avaient débarqué à un mille de leur habitation, il leur fallait du temps pour revenir jusque-là. Nos pauvres Anglais, ayant toute la raison imaginable de se croire trahis, prirent d'abord le parti de garrotter les deux qui leur restaient, et d'ordonner à deux des trois autres qui avaient été emmenés avec les femmes, et qui avaient donné à leurs maîtres des marques de leur fidélité, de conduire dans la cave les deux nouveaux venus avec les deux femmes et tous les meubles dont ils pouvaient se charger. Ils leur commandèrent encore de tenir là ces deux sauvages pieds et poings liés jusqu'à nouvel ordre.

Ensuite, voyant les sauvages débarqués venir droit du côté de leurs huttes, ils ouvrirent leur enclos, où leurs chèvres apprivoisées étaient gardées : ils les chassèrent toutes dans les bois, aussi bien que les chevreaux, afin que les ennemis s'imaginassent qu'ils avaient toujours été sauvages. Mais l'esclave qui leur servait de guide les avait trop bien instruits, car ils continuèrent leur marche directement vers la demeure des deux Anglais.

Après que ceux-ci eurent mis en sûreté leurs femmes et leurs ustensiles, ils envoyèrent le troisième esclave qui était venu dans l'île avec les femmes vers les Espagnols, pour les avertir au plus vite du danger qui les menaçait, et leur demander un prompt secours. En même temps ils prirent leurs armes et leurs munitions, et se retirèrent dans le bois où était la cave qui servait d'asile à leurs femmes. Ils s'arrêtèrent à quelque distance de là pour épier, s'il était possible, quel chemin prendraient les sauvages.

Au milieu de leur retraite ils découvrirent d'une colline un peu élevée toute la petite armée de leurs ennemis qui s'approchait de leurs cabanes, et un moment après ils les virent dévorées par les flammes de tous côtés, ce qui leur causa le plus cruel chagrin. C'était pour eux une perte irréparable, du moins pour fort long-temps.

Ils s'arrêtèrent pendant quelques instants sur

cette petite colline, jusqu'à ce qu'ils virent les sauvages se répandre partout comme une troupe de bêtes féroces, et rôdant pour trouver quelque butin, surtout pour déterrer les habitants, dont il était aisé de voir qu'ils avaient connaissance.

Cette découverte fit sentir aux Anglais qu'ils n'étaient pas en sûreté dans le lieu où ils se trouvaient, parce qu'il était fort naturel de penser que quelques-uns des ennemis prendraient cette route, et dans ce cas ils auraient pu y venir en trop grand nombre pour qu'il fût possible de leur résister.

En conséquence, ils trouvèrent à propos de pousser leur retraite une demi-lieue plus loin, s'imaginant que plus les sauvages se répandraient au long et au large, et moins leurs pelotons seraient nombreux.

Ils firent leur première halte à l'entrée d'une partie fort épaisse du bois, où se trouvait le tronc d'un vieux arbre fort touffu et entièrement creux. Ils s'y mirent l'un et l'autre, résolus d'attendre là l'issue de l'événement.

Ils ne s'y étaient pas tenus long-temps,

quand ils aperçurent deux sauvages s'avancer droit de ce côté-là, comme s'ils les avaient découverts et les allaient attaquer, et à quelque distance ils en virent trois autres, suivis de cinq autres encore, tenant tous la même route. Outre ceux-là, ils en virent à une plus grande distance sept autres qui prenaient un chemin différent; car toute la troupe s'était répandue dans l'île, comme des chasseurs qui battent le bois pour faire lever le gibier.

Les pauvres Anglais se trouvèrent alors dans un grand embarras, ne sachant s'il valait mieux s'enfuir ou garder leur poste; mais, après une courte délibération, ils pensèrent que si les ennemis continuaient à rôder partout de cette manière avant l'arrivée du secours, ils pourraient bien découvrir la cave, ce qu'ils regardaient comme le dernier des malheurs. Ils résolurent donc de les attendre, et, s'ils étaient attaqués par une troupe trop forte, de monter jusqu'au haut de l'arbre, d'où ils pouvaient se défendre tant que leurs munitions dureraient, quand même ils se trouveraient environnés de tous les sauvages qui étaient débarqués, à moins qu'ils ne s'avisassent de mettre le feu à l'arbre.

Ayant pris ce parti, ils examinèrent encore s'il serait bon de faire d'abord feu sur les deux premiers, ou s'ils attendraient la venue des trois pour séparer ainsi les premiers d'avec les cinq qui suivaient les trois du milieu. Ce parti leur parut meilleur, et ils résolurent de laisser passer les deux premiers, à moins qu'ils ne vinssent les attaquer. Ils furent confirmés dans cette résolution par la marche de ces deux sauvages, qui prirent un peu du côté de l'arbre, en avançant vers une autre partie du bois; mais les trois et les cinq autres qui les suivaient continuèrent leur chemin directement vers eux, comme s'ils eussent été instruits du lieu de leur retraite.

Comme ils se succédaient tous l'un après l'autre, les Anglais, qui jugeaient convenable de ne tirer qu'un à un, crurent qu'il n'était pas impossible d'abattre les trois premiers d'un seul coup. Là-dessus celui qui devait tirer le premier mit trois ou quatre balles dans son mousquet, et, le plaçant dans un trou de l'arbre très-propre à assurer le coup, il attendit qu'ils fussent venus à trente verges de distance pour ne pas les manquer.

Pendant que l'ennemi avançait, ils virent distinctement parmi les trois premiers leur esclave fugitif, et ils résolurent de ne pas le laisser échapper, quand ils devraient tirer l'un immédiatement après l'autre. Ainsi, l'un se tint prêt pour ne pas le manquer, si par hasard il ne tombait pas du premier coup.

Mais le premier savait trop bien viser pour perdre sa poudre; il fit feu et en toucha deux de la bonne manière. Le premier tomba raide mort, la balle lui ayant passé à travers la tête. Le second, qui était l'esclave fugitif, eut la poitrine percée d'outre en outre, et tomba par terre, quoiqu'il ne fût pas tout-à-fait mort; pour le troisième, il n'avait qu'une légère blessure à l'épaule, causée apparemment par la même balle qui était passée par le corps du second. Cependant, effrayé mortellement, il s'était jeté par terre, en poussant des cris et des hurlements épouvantables.

Les cinq qui les suivaient, plus étonnés du

bruit qu'instruits du danger, s'arrêtèrent d'abord. Les bois avaient rendu le bruit mille fois plus terrible par les échos qui le répétaient de toutes parts, et les oiseaux, se levant de tous côtés, y mêlaient des cris confus.

Cependant, voyant que tout était rentré dans le silence, et ne sachant ce dont il s'agissait, ils s'avancèrent d'abord sans donner la moindre marque de crainte; mais arrivés à l'endroit où leurs compagnons avaient été si maltraités, ils se pressèrent tous autour du sauvage blessé, et lui parlaient apparemment, en le questionnant sur la cause de son malheur, sans savoir qu'ils étaient exposés au même danger.

Il leur répondit, sans doute, qu'un éclat de feu, suivi d'un affreux coup de tonnerre descendu du ciel, avait tué deux de ses camarades, et l'avait blessé lui-même. Cette réponse du moins était fort naturelle; car, comme il n'avait vu aucun homme près de lui, et qu'il n'avait jamais entendu un coup de fusil, bien loin d'en reconnaître les terribles effets, il lui était difficile de faire quelque autre conjecture à cet égard. Ceux qui le questionnaient étaient certainement aussi ignorants que lui ; sinon ils ne se seraient pas amusés à examiner d'une manière si tranquille la destinée de leurs compagnons, tandis qu'un sort pareil les attendait sans qu'ils s'en doutassent.

Nos deux Anglais étaient bien fâchés de se voir obligés de tuer tant de créatures humaines, qui n'avaient pas la moindre idée du péril qui les menaçait de si près ; cependant, forcés par le soin de leur propre conservation, et les voyant tous, pour ainsi dire, en leur puissance, ils résolurent de leur lâcher une décharge générale ; car le premier avait eu tout le temps de recharger son fusil. Ils convinrent des différents côtés où ils viseraient pour rendre l'exécution plus terrible, et, faisant feu en même temps, ils tuèrent et blessèrent quatre de la troupe des sauvages ; et le cinquième, quoiqu'il ne fût touché en aucune manière, tomba avec le reste, comme mort de peur, de manière que nos gens s'imaginèrent les avoir tous tués.

Cette opinion les fit sortir hardiment de l'arbre sans avoir rechargé, ce qui était une démarche fort imprudente ; et ils furent bien étonnés, en approchant de l'endroit, d'en voir quatre en vie, parmi lesquels il y en avait deux blessés assez légèrement, et un autre sain et sauf, découverte qui les obligea à donner dessus avec la crosse du fusil. Ils dépêchèrent d'abord l'esclave qui était la cause de tout ce désastre, et un autre qui se trouvait blessé au genou. Quant au sauvage qui n'avait pas reçu la moindre blessure, il se mit à genoux devant eux, tendant ses mains vers le ciel, et par un murmure lamentable, et d'autres signes aisés à comprendre, il demanda la vie; pour les paroles qu'il prononçait, elles leur étaient absolument inintelligibles.

Ils lui ordonnèrent par signes de s'asseoir au pied d'un arbre, et un des Anglais ayant par hasard sur lui une corde, lui lia les pieds et les mains, et, le laissant là dans cette situation, ils se mirent l'un et l'autre à la poursuite des deux premiers avec toute la vivacité possible, craignant qu'ils ne découvrissent la cave où étaient cachées leurs femmes, et tout le bien qui leur restait. Ils les eurent en vue une fois, mais à une grande distance. Ce qui leur faisait pourtant grand plaisir, c'était de les voir traverser une vallée du côté de la mer, par un chemin qui était tout-à-fait à l'opposite de la retraite pour laquelle ils craignaient si fort. Satisfaits de cette découverte, ils s'en retournèrent vers l'arbre où ils avaient laissé leur prisonnier, mais ils ne l'y trouvèrent point. Les cordes dont il avait été lié étaient à terre, au pied du même arbre, et ils crurent que les autres sauvages l'avaient rencontré et délié.

Ils furent alors dans un aussi grand embarras qu'auparavant, ne sachant quelle route prendre, ni où était l'ennemi, ni en quel nombre. Là-dessus ils résolurent de s'en aller vers la cave, pour voir si tout y était en bon état, et pour calmer la frayeur de leurs femmes, qui, bien que sauvages elles-mêmes, craignaient mortellement leurs compatriotes, parce qu'elles connaissaient parfaitement leur naturel. Arrivés en cet endroit, ils virent que les sauvages avaient été dans le bois, et fort près de l'endroit en question, mais qu'ils ne l'avaient pas découvert. Il ne faut pas s'en étonner; les arbres étaient si touffus et si serrés, qu'il était impossible d'y pénétrer sans un guide qui connût les chemins; et, comme nous l'avons vu, celui qui les conduisait était aussi peu instruit qu'eux à cet égard.

Nos Anglais trouvèrent donc tout comme ils le souhaitaient, mais leurs femmes étaient dans une terrible frayeur. En même temps ils virent arriver à leur secours sept Espagnols; les dix autres, avec leurs esclaves et le père de Vendredi, s'étaient formés en petit corps pour défendre la ferme où ils avaient leur blé et leur bétail; mais les sauvages ne s'étaient pas portés jusque là. Ces sept Espagnols étaient accompagnés de l'esclave que les Anglais leur avaient envoyé, et du sauvage qu'ils avaient lié au pied de l'arbre. Ils virent alors qu'il n'avait pas été délié par ses compagnons, mais bien par les Espagnols qui s'étaient rendus dans cet endroit, où ils avaient vu sept cadavres, et ce malheureux qu'ils jugèrent à propos d'emmener avec eux. Il fallut pourtant le lier de nouveau, et lui faire tenir compagnie aux deux qui étaient restés, lorsque le troisième, auteur de tout le mal, s'était enfui.

Les prisonniers commencèrent alors à leur être à charge, et ils craignaient si fort qu'ils n'échappassent, qu'ils résolurent une fois de les tuer tous, persuadés qu'ils y étaient contraints par le soin de leur propre conservation. Le gouverneur espagnol ne voulut pourtant pas y consentir, et ordonna, en attendant mieux, qu'on les envoyât à la vieille grotte, dans la vallée, avec deux Espagnols pour les garder et pour leur donner la nourriture nécessaire. On le fit, et ils y restèrent toute la nuit suivante, liés et garrottés.

Les deux Anglais, voyant les troupes auxiliaires des Espagnols, reprirent tellement courage, qu'ils ne voulurent pas en demeurer là; ils se firent accompagner de cinq Espagnols, et ayant à eux tous cinq mousquets, un pistolet et deux bâtons à deux bouts, ils partirent aussitôt pour aller à la chasse des sauvages. Ils s'en allèrent du côté de l'arbre où ils leur avaient d'abord résisté, et ils virent sans peine qu'il en était venu d'autres depuis ce temps-là, et qu'ils avaient fait quelques efforts pour emporter leurs compagnons qui y avaient perdu la vie, puisque en ayant entraîné deux assez loin de cet endroit, ils avaient été obligés de se désister de leur entreprise. De là ils avancèrent vers la colline leur premier poste, et d'où ils avaient eu la douleur d'apercevoir leurs maisons en feu. Ils eurent le déplaisir de les voir encore toutes fumantes; mais ils ne découvrirent aucun de leurs ennemis.

Ils résolurent alors d'aller, avec toute la précaution possible, vers leurs plantations ruinées; mais chemin faisant, étant à portée du rivage, ils virent distinctement les sauvages empressés à se jeter dans leurs canots pour se retirer de cette île, qui leur avait été si fatale.

Ils furent d'abord fâchés de les laisser partir sans les saluer encore d'une bonne décharge; mais en examinant la chose avec plus de sang-froid, ils se trouvèrent heureux d'en être quittes.

Ces pauvres Anglais étant ruinés alors pour la seconde fois, et privés de tout le fruit de leur travail, les autres s'accordèrent unanimement à les aider à relever leurs habitations, et à leur donner tous les secours possibles.

Leurs trois compatriotes eux-mêmes, qui jusque-là n'avaient pas marqué la moindre inclination pour eux, et qui n'avaient rien su de toute cette affaire, parce qu'ils s'étaient établis du côté de l'est, vinrent offrir leur assistance, et travaillèrent pour eux pendant plusieurs jours avec beaucoup de zèle. De cette manière, et en fort peu de temps, ils furent en état de subsister par eux-mêmes.

Deux jours après, la colonie eut la satisfaction de voir trois canots sur le rivage, et, près de là, deux hommes noyés; ce qui leur fit croire, avec beaucoup de fondement, que les ennemis avaient essuyé une tempête qui avait fait périr quelques-unes de leurs barques; cette conjecture était confirmée par un vent violent qu'on avait senti dans l'île la nuit même d'après leur départ. Cependant, si la tempête en avait fait périr, il en restait assez pour informer leurs compatriotes de ce qu'ils avaient fait et de ce qui leur était arrivé, et pour les porter à une seconde entreprise, où ils pourraient employer des forces suffisantes pour n'en pas avoir le démenti.

Quoi qu'il en soit, cinq ou six mois se passèrent avant qu'on entendît parler dans l'île de quelque nouvelle entreprise des sauvages; et les nôtres commençaient à croire que les Indiens avaient oublié leur malheureuse tentative, ou bien qu'ils désespéraient de la réparer, quand tout-à-coup ils furent attaqués par une flotte formidable de vingt-huit canots remplis de sauvages armés d'arcs et de flèches, de massues, de sabres de bois, et d'autres armes semblables. Leur nombre était si grand, qu'il jeta la colonie dans la plus terrible consternation. Comme ils débarquèrent vers le soir dans la partie orientale de l'île, nos gens eurent toute la nuit pour consulter sur ce qu'ils avaient à faire. Sachant que leur sûreté avait consisté entièrement à n'être pas découverts, ils crurent qu'ils devaient prendre les mêmes précautions dans la conjoncture présente, et cela par des motifs d'autant plus forts, que le nombre de leurs ennemis était plus grand.

Conformément à cette opinion, ils résolurent d'abord d'abattre les cabanes des deux Anglais, et de renfermer le bétail dans l'aucienne grotte; car ils supposaient que les sauvages iraient tout droit de ce côté-là, quoiqu'ils eussent débarqué à plus de deux lieues de cette habitation.

Ensuite ils emmenèrent tout le bétail qui était dans ma maison de campagne, et qui appartenait aux Espagnols; en un mot, ils écartèrent, autant qu'il fut possible, tout ce qui était capable de faire croire que l'île fût habitée. Le jour d'après ils se postèrent de bon matin, avec toutes leurs forces, devant la plantation des deux Anglais, pour y attendre l'ennemi de pied ferme.

La chose arriva précisément comme ils l'avaient conjecturé. Les sauvages, laissant leurs canots près de la côte orientale de l'île, s'avancèrent sur le rivage, directement vers le lieu en question, au nombre d'environ deux cent cinquante, autant que nos gens en pouvaient juger.

Notre armée était fort petite en comparaison de la leur, et, ce qui était le plus affligeant, il n'y avait pas de quoi la pourvoir suffisamment d'armes. Elle se composait de dix-sept Espagnols et de cinq Anglais, du père de Vendredi, de trois esclaves venus dans l'île avec les femmes sauvages, qui s'étaient montrés très-fidèles, et de trois autres esclaves qui servaient les Espagnols; total, vingt-neuf.

Pour armer ces combattants, il y avait onze mousquets, cinq pistolets, trois fusils de chasse, cinq fusils que j'avais ôtés aux mutins en les désarmant, deux sabres et trois vieilles hallebardes; total, vingt-neuf.

Pour en tirer tout l'usage possible, ils ne donnèrent point d'arme à feu aux esclaves; mais ils confièrent à chacun une hallebarde ou un bâton à deux bouts, avec une hache. Chaque combattant européen en prit une aussi. Il y avait encore deux femmes, qu'il ne fut pas possible d'empêcher d'accompagner leurs maris au combat. On leur donna les arcs et les flèches des sauvages que les Espagnols avaient ramassés après la bataille qui s'était donnée dans l'île, il y avait quelque temps, entre deux troupes de sauvages. On donna encore une hache à chacune de ces amazones.

Le gouverneur espagnol était généralissime;

Guillaume Atkins, homme terrible quand il s'agissait de commettre quelque crime, était cependant plein de valeur, et commandait sous lui.

Les sauvages avancèrent sur les nôtres comme des lions, et ce qu'il y avait de fâcheux, c'est que nos gens ne pouvaient tirer le moindre secours du lieu où ils étaient postés. Mais Atkins, qui dans cette occasion rendit de grands services, était caché avec six hommes derrière quelques broussailles, en garde avancée, avec ordre de laisser passer les premiers ennemis, de faire feu ensuite au milieu de la troupe, et de se retirer après avec toute la promptitude possible, en prenant un détour dans le bois pour se placer derrière les Espagnols, qui avaient une rangée d'arbres devant eux.

Les sauvages s'avançant par petits pelotons sans aucun ordre, Atkins en laissa passer une cinquantaine, et, voyant que le reste composait une troupe aussi épaisse qu'en désordre, fit faire feu à trois des siens qui avaient chargé leurs fusils de cinq ou six balles à peu près du calibre d'un pistolet. Il n'est pas possible de dire combien ils en tuèrent et blessèrent, mais la surprise et la consternation des sauvages furent inexprimables. Ils étaient dans un étonnement et dans une frayeur terribles d'entendre un bruit si inouï et de voir leurs gens tués et blessés sans en pouvoir découvrir la cause, quand Atkins lui-même et les trois autres firent une nouvelle décharge dans le plus épais de leur bataillon ; en moins d'une minute les trois premiers ayant eu le temps de charger de nouveau leurs fusils, leur envoyèrent une troisième décharge.

Si Atkins et ses gens s'étaient retirés immédiatement, comme on le leur avait ordonné, ou si les autres colons eussent été à portée de continuer le feu, les sauvages étaient défaits indubitablement; car leur consternation venait principalement de ce qu'ils s'imaginaient que c'étaient les dieux qui les tuaient par le tonnerre et par la foudre. Mais Atkins, s'arrêtant là pour charger de nouveau, les tira d'erreur. Quelques-uns des ennemis les plus éloignés le découvrirent, et le vinrent prendre par-derrière; et quoique Atkins fît encore feu sur eux deux ou trois fois, et qu'il en tuât une vingtaine, il fut cependant blessé lui-même ; un Anglais fut tué à coups de flèches, et le même malheur arriva quelque temps après à un Espagnol et à un des esclaves qui étaient venus dans l'île avec les épouses des Anglais. C'était un garçon d'une bravoure étonnante, il s'était battu en désespéré, et il avait tué lui seul cinq ennemis, quoiqu'il n'eût d'autres armes qu'un bâton à deux bouts et une hache.

Nos gens, étant pressés de cette manière, et ayant souffert une perte si considérable, se retirèrent vers une colline dans le bois, et les Espagnols, après trois décharges, firent aussi retraite.

Le nombre des ennemis était trop considérable pour mes colons, et ils se battaient tellement en désespérés, que, quoiqu'il y en eût une cinquantaine de tués et autant de blessés au moins, ils ne laissaient pas de charger nos gens sans se mettre en peine du danger, et leur envoyaient continuellement des nuées de flèches. On observa même que leurs blessés qui étaient encore en état de combattre en devenaient plus furieux, et qu'ils étaient plus à craindre que les autres.

Lorsque les nôtres commencèrent leur retraite, ils laissèrent leurs morts sur le champ de bataille, et les sauvages maltraitèrent ces cadavres de la manière du monde la plus horrible, leur cassant les bras, les jambes et la tête avec leurs massues et leurs sabres de bois, comme de vrais barbares.

Voyant que nos gens s'étaient retirés, ils ne songèrent pas à les suivre ; mais s'étant rangés en cercle, selon leur coutume, ils poussèrent deux grands cris en signe de victoire. Leur joie ne tarda pourtant pas à être troublée peu après par plusieurs de leurs blessés, qui tombèrent à terre et perdirent la vie à force de perdre du sang.

Le gouverneur ayant rallié sa petite armée sur un tertre peu élevé, Atkins, quoique blessé, fut d'avis qu'on marchât, et qu'on donnât de nouveau avec toutes les forces unies. « Atkins, dit le gouverneur, vous voyez de quelle manière désespérée leurs blessés combattent, laissons-les en repos jusqu'à demain; tous ces malheureux seront à moitié morts de leurs blessures, trop affaiblis par la perte de leur sang pour en venir aux mains de nouveau, et nous aurons meilleur marché du reste. »

« C'est fort bien dit, répliqua Atkins avec une gaieté brusque; mais il en sera de moi précisément comme des sauvages; je ne serai bon à rien demain, et c'est pour cela que je voudrais recommencer la danse pendant que je suis encore échauffé. — Vous parlez en brave, repartit l'Espagnol, et vous avez agi de même; vous avez fait votre devoir, et nous nous battrons pour vous si vous n'êtes pas en état d'être de la partie; attendons jusqu'à demain, je crois que c'est le parti le plus sage. »

Néanmoins, comme il faisait un beau clair de lune, et que nos gens savaient que les sauvages étaient dans un grand désordre, car on les voyait courir confusément de côté et d'autre près de l'endroit où gisaient leurs morts et leurs blessés, ils résolurent de tomber sur eux pendant la nuit, persuadés que s'ils pouvaient leur envoyer une seule décharge avant que d'être découverts, l'avantage serait pour nos colons. L'occasion était très-favorable, un des Anglais, près de l'habitation duquel le combat avait commencé, sachant un moyen sûr pour les surprendre. Il fit faire à nos gens un détour dans le bois, du côté de l'ouest, puis, tournant du côté du sud, il les mena si près du lieu où était le plus grand nombre des sauvages, qu'avant d'avoir été vus ou entendus, huit d'entre eux firent une décharge sur les ennemis avec un succès terrible. Une demi-minute après, huit autres les saluèrent de la même manière, et répandirent parmi eux une si grande quantité de grosses dragées, qu'il y en eut un grand nombre de tués et de blessés, et pendant tout ce temps-là il ne leur fut pas possible de découvrir d'où venait ce carnage, et de quel côté ils devaient fuir.

Les nôtres, ayant rechargé leurs armes avec toute la promptitude possible, se partagèrent en trois troupes, résolus de tomber sur les ennemis tous à la fois.

Ils partagèrent également les armes à feu ainsi que les hallebardes et les bâtons à deux bouts. Ils voulaient laisser les femmes derrière, mais elles dirent qu'elles étaient résolues de mourir avec leurs maris. S'étant mis en bataille, ils sortirent du bois en poussant un cri de toutes leurs forces. Les sauvages tinrent ferme, mais ils tombaient dans la dernière consternation, en entendant nos gens pousser leurs cris de trois côtés. Ils étaient assez courageux pour combattre s'ils avaient vu leurs ennemis, et effectivement dès que nos gens approchèrent, ils tirèrent plusieurs flèches, dont l'une blessa le père de Vendredi, mais non d'une manière dangereuse. Les nôtres ne leur donnèrent guère le temps de respirer, et se ruant sur eux, après avoir fait feu, ils engagèrent la mêlée, et à coups de crosse, de sabre, de hache et de bâton à deux bouts, ils firent tant, que les ennemis se mirent à pousser des hurlements affreux et à s'enfuir, l'un d'un côté, l'autre de l'autre, ne songeant plus qu'à se dérober à des ennemis si terribles.

Nous étions fatigués de les assommer, et il ne faut pas en être surpris, puisque dans les deux actions nous en avions tué ou blessé mortellement au moins cent quatre-vingts. Les autres, saisis d'une frayeur inexprimable, couraient par les collines et les vallées avec toute la rapidité que la peur pouvait ajouter à leur vitesse naturelle.

Comme on ne se mettait guère en peine de les poursuivre, ils gagnèrent le rivage sur lequel ils avaient débarqué ; mais il faisait cette nuit un vent terrible qui, venant du côté de la mer, les empêchait de quitter le rivage. La tempête continua pendant toute la nuit, et, quand la marée monta, leurs canots furent poussés si avant sur le rivage, qu'il aurait fallu une peine infinie pour les remettre à flot ; quelques-uns même, en heurtant contre le sable ou les uns contre les autres, avaient été mis en pièces.

Ceux de l'ile, quoique charmés de leur victoire, eurent peu de repos tout le reste de la nuit ; mais, s'étant rafraîchis du mieux qu'il leur était possible, ils prirent le parti de marcher vers la partie de la contrée où les sauvages s'étaient retirés. Ce dessein les força de passer sur le champ de bataille, où ils virent plusieurs de leurs malheureux ennemis encore vivants, mais hors d'espérance d'en revenir; spectacle affligeant pour des cœurs bien placés: car une ame véritablement grande, quoique forcée par les lois naturelles à détruire ses ennemis, est bien éloignée de se réjouir de leurs malheurs.

Il ne fut pas nécessaire de s'inquiéter à l'égard de ces sauvages; car les esclaves eurent soin de finir leurs misères à grands coups de hache.

Nos colons parvinrent enfin à un endroit où ils découvrirent le reste de l'armée des vaincus, qui consistait encore en une centaine d'hommes. Ils étaient assis à terre, le menton appuyé sur les genoux et la tête soutenue par les deux mains.

Dès que nos gens se furent approchés d'eux à la distance d'une double portée de mousquet, le gouverneur ordonna qu'on en tirât deux sans balles pour leur donner l'alarme et pour voir leur contenance. Il voulait découvrir par là s'ils étaient d'humeur à se battre encore, ou si leur défaite les avait entièrement découragés, afin de prendre ses mesures sur ce qu'il remarquerait.

Ce stratagème réussit; car, dès que les sauvages eurent entendu le premier coup, et qu'ils virent le feu du second, ils se levèrent avec toute la frayeur imaginable, et s'enfuirent vers le bois en poussant une sorte de hurlement que nos gens n'avaient pas encore entendu et dont ils ne purent deviner le sens.

Ils auraient mieux aimé que le temps eût été tranquille et que leurs ennemis eussent pu se rembarquer; mais ils ne considéraient pas alors que leur retraite pouvait être la cause d'une nouvelle expédition, et qu'ils seraient peut-être revenus avec des forces auxquelles il n'aurait pas été possible de résister, ou bien qu'ils auraient pu revenir si souvent, que la colonie, uniquement occupée à les repousser, eût été réduite à mourir de faim.

Atkins, qui, malgré sa blessure, n'avait pas voulu se retirer, donna le meilleur conseil; il fut d'avis de se servir de la frayeur des ennemis pour les séparer de leurs barques et les empêcher de regagner leur pays.

Ils consultèrent long-temps là-dessus : quelques-uns s'opposaient à cette opinion, craignant que l'exécution de ce projet ne poussât les barbares à se cacher dans les bois ; ce qui forcerait les nôtres à leur donner la chasse comme à des bêtes féroces, et empêcherait de travailler, pour ne s'occuper qu'à garder le bétail et les plantations, et les ferait vivre dans des inquiétudes continuelles.

Atkins répondit qu'il valait mieux avoir affaire à cent hommes qu'à cent nations, et qu'il fallait absolument détruire et les canots et les ennemis, s'ils voulaient n'être pas détruits eux-mêmes; en un mot, il leur montra si bien l'utilité de son sentiment, qu'ils y entrèrent tous. Ils mirent aussitôt la main à l'œuvre, et, ayant ramassé du bois sec, ils essayèrent de brûler quelques-uns des canots, mais ils étaient trop mouillés; néanmoins le feu en gâta tellement les parties supérieures, qu'il n'était plus possible de s'en servir.

Quand les sauvages se furent aperçus de notre projet, quelques-uns d'entre eux sortirent des bois, et, s'approchant, ils se jetèrent à genoux en criant *Oa*, *Oa*, *Waramokoa*, et en prononçant quelques autres paroles dont les nôtres ne purent rien comprendre; mais, comme ils se tenaient dans une attitude suppliante, les cris qu'ils poussaient étaient destinés sans doute à prier que l'on épargnât leurs canots et qu'on leur permît de s'en retourner.

Mais nos gens avaient l'intime conviction que l'unique moyen de conserver la colonie était d'empêcher qu'aucun des sauvages ne retournât chez lui, convaincus que, s'il en échappait un seul pour aller raconter la catastrophe de ses camarades, c'était fait d'eux. Ainsi, faisant signe aux barbares qu'il n'y avait point de quartier pour eux, ils détruisirent toutes les barques que la tempête avait épargnées. A la vue de ce spectacle, les sauvages qui étaient dans les bois poussèrent des hurlements épouvantables, que les nôtres entendirent distinctement, et ensuite ils se mirent à courir dans l'île comme des hommes qui avaient perdu l'esprit; ce qui troubla beaucoup les nôtres, indécis sur ce qu'ils devaient faire pour se délivrer de ces misérables.

Les Espagnols eux-mêmes, malgré toute leur prudence, ne considéraient pas qu'en portant ces sauvages au désespoir, ils se mettaient dans la nécessité de placer des gardes auprès de leurs plantations. Il est vrai qu'ils avaient mis leurs troupeaux en sûreté, et qu'il était impossible aux Indiens de trouver mon château, non plus que ma grotte dans la vallée; mais malheureusement ils déterrèrent la grande ferme, la mirent en pièces, ruinèrent l'enclos et la plantation qui était alentour, foulèrent le blé aux pieds, arrachèrent les vignes, et gâtèrent les raisins qui étaient en maturité; en un mot, ils firent des dommages inestimables, quoiqu'ils n'en profitassent pas eux-mêmes.

Nos gens étaient, à la vérité, en état de les combattre partout où ils les trouveraient; mais ils se trouvaient fort embarrassés sur la manière de leur donner la chasse. Quand ils les rencontraient un à un, ils les poursuivaient en vain, ces sauvages trouvant aisément leur sûreté dans leur vitesse extraordinaire ; et d'un autre côté, nous n'osions marcher isolément pour les surprendre, de peur d'être environnés et accablés par le nombre.

Ce qu'il y avait de rassurant, c'est que les sauvages ne possédaient point d'armes; leurs arcs leur étaient inutiles, faute de flèches et de matériaux pour en faire de nouvelles, et personne n'avait d'armes tranchantes parmi toute la troupe.

L'extrémité à laquelle ils se voyaient réduits était certainement déplorable, mais la situation où ils avaient mis la colonie n'était guère meilleure : car, quoique nos retraites fussent conservées, les provisions se trouvaient ruinées pour la plupart; la moisson était détruite, et il ne restait plus de ressource que le bétail de la vallée, près de la grotte, un petit champ de blé qui se trouvait aussi de ce côté-là, et les plantations de Guillaume Atkins et de son camarade. L'autre avait perdu la vie dans la première action, par une flèche qui lui avait traversé la tête à la tempe. Il est à remarquer que c'était le scélérat qui avait donné cet affreux coup de hache au pauvre esclave, et projeté ensuite de faire main-basse sur les Espagnols.

A mon avis, ils furent alors dans un cas plus triste que je n'avais été depuis que je m'avisai de semer du millet et du riz, et que je commençai à apprivoiser des chèvres. Ils avaient dans les sauvages une centaine de loups qui dévoraient tout ce qu'ils pouvaient trouver, et qu'il était impossible d'atteindre.

La première chose dont ils purent convenir dans cet embarras, ce fut de pousser les ennemis vers l'endroit le plus reculé de l'île, afin que si d'autres sauvages abordaient, ils ne pussent les découvrir. Ils résolurent encore de les harasser continuellement, d'en tuer autant qu'ils pourraient, pour en diminuer le nombre, et s'ils réussissaient à la fin à les apprivoiser, de leur enseigner à semer, et de les faire vivre de leur propre travail.

Conformément à ces résolutions, ils les poursuivirent avec tant de chaleur, et les effrayèrent tellement par leurs armes à feu, dont le seul bruit les faisait tomber à terre, qu'ils s'éloignèrent de plus en plus; leur nombre diminuait de jour en jour, et enfin ils furent réduits à se cacher dans les bois et dans les cavernes, où plusieurs périrent de faim, comme il parut dans la suite, par leurs cadavres qu'on trouva.

La misère de ces pauvres gens remplit les nôtres d'une généreuse compassion ; surtout le gouverneur espagnol, qui était l'homme du monde qui avait le cœur le mieux placé. Il proposa aux autres de chercher à prendre un des sauvages pour lui faire entendre l'intention de la colonie, et pour l'envoyer parmi les siens, afin de les amener à une capitulation qui assurât leur vie, et qui rendît à la colonie le repos qu'elle avait perdu depuis la dernière invasion.

Ils furent assez long-temps avant de pouvoir parvenir à leur but, mais enfin la disette ayant affaibli les sauvages, on en saisit un. Il était au commencement tellement accablé de son malheur, qu'il ne voulut ni manger ni boire; mais voyant qu'on le traitait avec douceur, et qu'on lui donnait ce qu'il fallait pour sa subsistance, sans lui faire le moindre mal, il revint de ses frayeurs, et se tranquillisa peu à peu.

On lui amena le père de Vendredi, qui entrait souvent en conversation avec lui, et l'assurait de l'intention qu'on avait, non-seulement de sauver la vie à lui et à tous ses compagnons, mais encore de leur donner une partie de l'île, à condition qu'ils se tiendraient dans certaines limites, sans en sortir jamais pour causer le moindre dommage à la colonie. Il lui promit aussi de leur faire donner du grain pour ensemencer des terres, ajoutant qu'on leur fournirait du pain jusqu'à ce qu'ils fussent en état d'en faire pour eux-mêmes. De plus, il lui ordonna d'aller parler à ses compatriotes, et de leur déclarer que, s'ils ne voulaient pas accepter des conditions si avantageuses, ils seraient tous détruits.

Les malheureux sauvages, extrêmement humiliés par leur misère, et réduits au nombre d'environ trente-sept, reçurent cette proposition sans balancer, et demandèrent qu'on leur donnât quelques aliments. Là-dessus douze Espagnols et deux Anglais bien armés marchèrent vers l'endroit où ils se trouvaiant alors, avec trois esclaves et le père de Vendredi.

Ces derniers portaient une bonne quantité de pain, quelques gâteaux de riz séchés au soleil et trois chevreaux vivants. On leur ordonna de se placer au pied d'une colline pour manger ensemble, ce qu'ils firent avec toutes les marques possibles de reconnaissance.

Dans la suite ils se montrèrent observateurs religieux de leur parole: ils ne sortaient jamais de leur territoire que quand ils étaient obligés de venir demander des vivres et des conseils pour diriger leur plantation.

C'est encore dans ce même endroit qu'ils vivaient quand je débarquai dans l'île, et que je leur rendis une visite.

On leur avait enseigné à semer du blé, à faire du pain, à traire les chèvres; rien, en un mot, ne leur manquait. On leur avait assigné une partie de l'île, bordée de rochers par-derrière, et de la mer par-devant. Elle était située du côté du sud-est, et ils avaient autant de terres fertiles qu'il leur en fallait; elles étaient étendues d'un mille et demi en largeur, et d'environ quatre en longueur.

Nous leur enseignâmes ensuite à fabriquer

des pelles de bois, comme j'en faisais autrefois; et on leur fit présent de douze haches et de trois couteaux; à l'aide de ces outils, ils facilitaient leur travail et vivaient avec toute la tranquillité et toute l'innocence qu'on pouvait désirer.

Après cette guerre, la colonie jouit d'une sécurité parfaite, relativement aux sauvages, jusqu'à l'époque où je revins la voir. Les canots des Indiens ne laissaient pas d'y aborder de temps en temps pour faire leurs repas inhumains; mais comme ils étaient de différentes nations, et qu'ils n'avaient apparemment jamais entendu parler de ce qui était arrivé aux autres, ils ne firent aucune recherche dans l'île pour trouver nos sauvages, et quand ils l'auraient fait, c'eût été un grand hasard qu'ils les eussent rencontrés.

Tel est le récit fidèle et complet de tout ce qui arriva de considérable à ma colonie pendant mon absence. Elle avait extrêmement civilisé les Indiens, et leur rendait de fréquentes visites; mais elle leur défendait, sous peine de mort, de la venir voir à leur tour de peur d'en être trahie.

Ce qu'il y a de remarquable encore, c'est que nos gens avaient enseigné aux sauvages à façonner des paniers et d'autres ouvrages d'osier : mais bientôt ils avaient surpassé leurs maîtres. Ils savaient faire, en ce genre, les choses du monde les plus curieuses, des tamis, des cages, des tables, des garde-mangers, des chaises, des lits, etc.

Mon arrivée leur fut d'un grand secours, puisque je les pourvus abondamment de couteaux, de ciseaux, de pelles, de bêches, de pioches, en un mot de tous les outils dont ils pouvaient avoir besoin. Ils s'en servirent bientôt avec beaucoup d'adresse, et ils eurent assez d'industrie pour se fabriquer des maisons entières d'un tissu d'osier, ce qui, malgré la singularité, était d'un grand avantage contre la chaleur et contre toutes sortes d'insectes.

Cette invention plut tant à mes gens, qu'ils firent venir les sauvages afin d'exécuter la même chose pour eux; et quand je retournai voir la colonie des deux Anglais, leurs huttes parurent de loin à mes yeux être de grandes ruches. Guillaume Atkins, qui commençait à devenir sobre, industrieux, appliqué, s'était fait une tente d'ouvrage de vannier qui passait l'imagination. Elle avait cent vingt pas de circuit; les murailles en étaient aussi serrées que le meilleur panier, elles consistaient en trente-deux compartiments fort épais, et de la hauteur de sept pieds. Il y avait au milieu une autre hutte qui n'allait pas au-delà de vingt-deux pas de contour. Elle était beaucoup plus forte et plus épaisse que la tente extérieure; la forme en était octogone, et chacun des huit coins était soutenu d'un bon poteau. Sur le haut de ces poteaux on avait posé de grandes pièces de même ouvrage, jointes ensemble par des chevilles de bois; ces pièces servaient de base à huit solives qui faisaient le dôme de tout le bâtiment, et qui étaient parfaitement bien unies, quoiqu'au lieu de clous il n'eût que quelques chevilles de fer qu'il avait trouvé moyen de faire avec de la vieille ferraille que j'avais laissée dans l'île.

Certainement il montrait une grande industrie dans plusieurs choses où il n'avait jamais eu occasion de s'appliquer. Il se fit non-seulement une forge, avec deux soufflets de bois, et de fort bon charbon, mais encore une enclume de médiocre grandeur, dont il avait trouvé la matière dans un levier de fer, ce qui lui donna le moyen de forger des crochets, des gâches de serrure, des chevilles de fer, des verrous et des gonds.

Quant à son bâtiment, après avoir dressé le dôme de sa tente intérieure, il remplit les vides entre les solives d'ouvrages de vannier aussi bien tissus qu'il fût possible. Il le couvrit d'un second tissu de paille de riz, et sur le tout il mit encore des feuilles fort larges d'un certain arbre, ce qui rendait le toit aussi impénétrable à la pluie que s'il eût été couvert de tuiles ou d'ardoises : il fit tout lui-même, excepté l'ouvrage de vannier que les sauvages avaient tissu pour lui.

La tente extérieure formait comme une espèce de galerie couverte, et de ses trente-deux angles de solives s'étendaient les poteaux qui soutenaient le dôme, et qui étaient éloignés du circuit de l'espace de vingt pieds; de manière qu'il y avait entre les murailles extérieures et intérieures une promenade large de vingt pieds à peu près.

Il partagea tout l'intérieur en six appartements par le moyen de ce même ouvrage d'osier, mais plus proprement tissu et plus fin que le reste. Dans chacune de ces six chambres de plain-pied il y avait une porte qui servait à entrer par la tente du milieu, et une autre donnant dans la galerie extérieure, qui était aussi partagée en six pièces égales, propres non-seulement à servir de retraite, mais encore de décharge. Ces six espaces n'emportaient pas toute la circonférence, et les autres appartements de la tente extérieure étaient arrangés de la manière suivante : dès qu'on était entré par la porte du dehors, on avait droit devant soi un petit passage qui menait à la porte de la maison intérieure ; à chaque côté du passage il y avait une muraille d'ouvrage de vannier, avec une porte par où l'on entrait dans une espèce de magasin large de vingt pieds et long de quarante, et de là dans un autre un peu moins long. De sorte que dans la tente extérieure il y avait dix belles chambres, dans six desquelles on ne pouvait entrer que par les appartements de la tente intérieure, dont elles étaient, pour ainsi dire, les cabinets. Les quatre autres, comme je viens de le dire, étaient de grands magasins, deux d'un côté, et deux de l'autre du passage qui menait de la porte du dehors à celle de la maison intérieure.

Je crois qu'on n'a jamais entendu parler d'un pareil ouvrage de vannier, ni d'une hutte faite avec autant de propreté et de symétrie. Cette grande ruche servait de demeure à trois familles: savoir, celle d'Atkins, de son compagnon, et de la femme du troisième Anglais, qui avait perdu la vie dans la derniere guerre, et qui avait laissé sa veuve avec trois enfants.

Les autres en usèrent parfaitement bien envers cette famille, et lui fournirent avec libéralité tout ce dont elle avait besoin, du grain, du lait, des raisins secs, etc. S'ils tuaient un chevreau, ou s'ils trouvaient une tortue, elle en avait toujours sa part; de manière qu'ils vivaient tous ensemble assez bien, quoiqu'il s'en fallût de beaucoup qu'ils eussent la même application que les Anglais, qui formaient une colonie à part.

Il y avait dans la conduite de tous ces derniers une particularité que je ne dois pas omettre. La religion était une chose absolument inconnue parmi eux. Il est vrai qu'ils se faisaient souvenir assez souvent les uns les autres qu'il y avait un Dieu; mais cette espèce d'hommage qu'ils rendaient à la divinité était fort éloignée d'être un acte de dévotion, et leurs femmes, pour être mariées à des chrétiens, n'en étaient pas plus éclairées. Ils étaient eux-mêmes fort ignorants dans la religion, et par conséquent fort incapables d'en donner quelque idée à leurs épouses. Toutes les lumières qu'elles avaient acquises par leur hymen, c'est que leurs maris leur avaient enseigné à parler l'anglais passablement, ainsi qu'à leurs enfants, qui étaient environ au nombre de vingt, et qui apprenaient à s'énoncer en anglais dès qu'ils étaient en état de former des sons articulés, quoiqu'ils s'en acquittassent d'abord d'une manière assez burlesque, aussi bien que leurs mères.

Parmi tous ces enfants, pas un ne passait l'âge de six ans quand j'arrivai. A peine sept années s'étaient écoulées depuis que les Anglais avaient amené ces femmes dans l'île. Il ne s'en trouvait pas une qui ne fût douce, modérée, laborieuse, modeste, et prompte à secourir ses compagnes. Il ne leur manquait plus rien que d'être instruites dans le christianisme, et mariées légitimement.

Il me reste maintenant à entrer dans quelques détails sur les Espagnols, qui constituaient le corps le plus puissant de mes sujets, et dont l'histoire n'est pas moins remarquable.

Ils m'informèrent, dans plusieurs de nos conversations, de la situation où ils s'étaient trouvés parmi les sauvages. Ils me dirent avec franchise qu'ils n'avaient pas songé seulement à chercher dans l'industrie quelque secours contre la misère; et que quand même cela se fût trouvé, ils avaient été si fort accablés par le fardeau de leurs infortunes, si abîmés dans le désespoir, qu'ils s'étaient abandonnés à la résolution de se laisser mourir de faim.

Un homme fort grave et fort sensé d'entre eux ajouta qu'il sentait bien qu'ils avaient eu tort, puisque le sage, au lieu de se laisser entraîner à sa misère, doit tirer du secours de tous les moyens que lui offre la raison, afin d'adoucir le malheur présent, et se préparer une délivrance entière pour l'avenir : ce qui le conduisit naturellement à porter ses réflexions sur toutes les commodités que je m'étais autrefois procurées dans ma solitude, et sur les soins infatigables par lesquels, d'un état plus triste que le leur n'avait jamais été, j'en avais su faire un plus heureux que n'était le leur alors même qu'ils se trouvaient tous ensemble dans l'île.

Je lui répondis qu'il y avait une grande différence entre leur cas et le mien, puisqu'ils avaient été jetés à terre sans aucune chose nécessaire pour subsister. Qu'en effet, mon malheur avait été accompagné de ce désavantage, que j'étais seul, mais qu'en récompense les secours que la Providence m'avait mis entre les mains en poussant les débris du vaisseau si près du rivage auraient été capables de ranimer le courage de l'homme du monde le plus faible. «Si nous avions été dans votre situation, repartit l'Espagnol, nous n'aurions jamais tiré du vaisseau la moitié des choses utiles que vous sûtes en tirer; nous n'aurions jamais eu l'esprit de faire un radeau pour les porter à terre, ou de le faire aborder à l'île sans voiles et sans rames. Nous ne nous en serions pas avisés tous ensemble, bien loin qu'un seul d'entre nous eût été capable de l'entreprendre et de l'exécuter.» Ensuite continuant le récit de leur embarcation dans l'endroit où ils avaient si mal passé leur temps, il me dit que par malheur ils étaient abordés dans une île où il y avait un peuple sans provisions, et que s'ils eussent eu la prudence de se remettre en mer, et d'aller vers une île peu éloignée de là, ils auraient trouvé des provisions sans habitants. Que les Espagnols de l'île de la Trinité, s'y étant rendus fréquemment, n'avaient rien négligé pour la remplir de boucs et de porcs; que d'ailleurs les tourterelles et les oiseaux de mer y abondaient tellement, que, s'ils n'y avaient pas trouvé du pain, du moins ils n'auraient jamais pu manquer de viande. Dans l'endroit où ils avaient abordé, au contraire, ils n'avaient eu que quelques herbes et quelques racines sans goût et sans suc, dont la charité des sauvages les avait pourvus, encore fort sobrement, parce que ces bonnes gens n'étaient pas en état de les nourrir mieux, à moins qu'ils n'eussent voulu avoir part à leurs festins de chair humaine.

Les Espagnols me firent encore le récit de tous les moyens qu'ils avaient employés pour civiliser les sauvages leurs bienfaiteurs, et pour leur donner des coutumes et des sentiments plus raisonnables que ceux qu'ils avaient hérités de leurs ancêtres; mais tous leurs soins avaient été inutiles. Les sauvages avaient trouvé fort étrange que des gens qui étaient venus là pour chercher de quoi vivre voulussent se donner le ton d'instruire ceux qui leur procuraient leur subsistance; selon eux, il ne fallait se mêler de donner ses idées aux autres que quand on pouvait se passer d'eux.

Les Espagnols avaient été souvent exposés à de terribles extrémités, étant quelquefois absolument sans vivres. L'île où le malheur les avait portés était habitée par des sauvages indolents, et par conséquent plus pauvres et plus misérables que d'autres peuples de cette même partie du monde. En récompense, ceux-ci étaient moins barbares et moins cruels que ceux qui étaient plus à leur aise.

Les sauvages, à ce qu'ils me racontèrent encore, avaient voulu, pour prix de leur hospitalité, les conduire avec eux à la guerre. Il est vrai qu'ils possédaient des armes à feu, et s'ils n'avaient pas eu le malheur de perdre leurs munitions, non-seulement ils auraient été en état de rendre des services considérables à leurs hôtes, mais encore de se faire respecter par leurs amis et par leurs ennemis; mais, n'ayant ni poudre ni plomb, obligés pourtant de suivre leurs bienfaiteurs dans les combats, ils y étaient plus exposés que les sauvages eux-mêmes. Ils n'avaient ni arcs ni flèches, et ils ne savaient pas faire usage de ces sortes d'armes que leurs amis auraient pu leur fournir; ils étaient donc forcés de rester dans l'inaction, en butte aux dards des ennemis, jusqu'à ce que les deux armées se serrassent de près. Alors effectivement ils étaient d'un grand service : avec trois hallebardes et leurs mousquets, dans le canon desquels ils mettaient des morceaux de bois pointus au lieu de baïonnettes, ils rompaient quelquefois des bataillons entiers.

Il ne laissait pas d'arriver fort souvent qu'environnés par une grande multitude d'ennemis, ils ne se sauvaient d'une grêle de flèches que par une espèce de miracle. Mais enfin ils avaient su se garantir de ce danger en se couvrant de larges boucliers de bois couverts de peaux de certains animaux dont ils ne savaient pas le nom. Un jour cependant le malheur avait voulu que cinq d'entre eux fussent jetés à terre par les massues des sauvages, ce qui avait donné occasion à l'ennemi d'en faire un prisonnier; c'était précisément l'Espagnol que j'avais eu la satisfaction d'arracher à la cruauté de ses vainqueurs. Ses compagnons le crurent mort dans le commencement; mais en apprenant qu'il avait été pris, ils auraient hasardé volontiers leur vie, tous tant qu'ils étaient, pour le délivrer.

Au moment où ces Espagnols avaient été terrassés, les autres les avaient renfermés au milieu d'eux sans les abandonner, jusqu'à ce qu'ils fussent revenus à eux-mêmes. Alors, formant tous ensemble un petit bataillon, ils s'étaient fait jour au travers de mille sauvages, renversant tout ce qui s'opposait à eux, et procurant à leurs amis une victoire entière, mais peu satisfaisante pour eux-mêmes, à cause de la perte de leur compagnon.

On peut juger par là quelle avait été leur joie en revoyant un ami qu'ils avaient cru dévoré par les sauvages, la plus terrible espèce d'animaux féroces. Cette joie était parvenue au plus haut degré, par la nouvelle qu'il y avait près de là un chrétien assez humain pour former le dessein de finir leurs malheurs, et capable de l'exécuter.

Ils me firent encore la description la plus

pathétique de la surprise que leur avait causée le secours que je leur avais envoyé, le pain surtout, qu'ils n'avaient pas vu depuis tant d'années; ils l'avaient béni mille et mille fois, comme un aliment descendu du ciel, et en le goûtant ils y avaient trouvé le plus restaurant de tous les cordiaux. Plusieurs autres choses que je leur avais envoyées pour leur subsistance, leur avaient causé à peu près le même ravissement.

Mes Espagnols, en me faisant ce récit, trouvaient des termes pour exprimer leurs sentiments; mais ils n'en avaient point pour donner une idée de la joie qu'avait excitée dans leur ame la vue d'une barque et de pilotes tout prêts à les tirer de cette île malheureuse, et à leur faire voir le lieu d'où ce secours inespéré leur était venu.

Il est temps que j'entre dans le détail de ce que je fis pour ma colonie, et de la situation où je la laissai en sortant de l'île. Ces gens étaient persuadés, aussi bien que moi, qu'ils ne seraient plus importunés par les visites des sauvages, et que s'ils revenaient ils étaient en état de les repousser, quand ils seraient deux fois plus nombreux qu'auparavant : il n'y avait donc rien à craindre de ce côté-là. Un point plus important, que je traitai avec le gouverneur, c'était leur demeure dans l'île. Mon intention n'était pas d'en emmener un seul avec moi ; aussi n'était-il pas juste de faire cette grace à quelques-uns, et de laisser là les autres, qui auraient été au désespoir d'y rester, si j'eusse diminué leur nombre.

Je leur dis donc à tous que j'étais venu pour les établir dans l'île, et non pour les en retirer; que dans ce dessein j'avais fait des dépenses considérables afin de les pourvoir de tout ce qui était nécessaire pour leur subsistance et pour leur sûreté; que de plus je leur amenais des personnes, non-seulement propres à augmenter avantageusement leur nombre, mais encore à leur rendre de grands services, étant artisans et capables de faire pour la colonie mille choses nécessaires qui lui avaient manqué jusqu'à présent.

Avant de leur livrer tout ce que j'avais apporté pour eux, je leur demandai à chacun, l'un après l'autre, s'ils avaient absolument banni de leur cœur leurs anciennes animosités, et s'ils voulaient bien se toucher réciproquement dans la main en se promettant une étroite amitié et un attachement sincère pour l'intérêt commun de toute la société.

Guillaume Atkins répondit d'une manière gaie et cordiale, qu'ils avaient eu assez de malheurs pour devenir modérés, et assez de discordes pour devenir amis ; que, pour sa part, il promettait de vivre et de mourir avec les autres ; que, bien loin de nourrir quelque haine contre les Espagnols, il avouait qu'il avait mérité de reste tout ce qu'ils avaient fait à son égard, et que s'il avait été à leur place, et eux à la sienne, ils n'en auraient pas été quittes à si bon marché ; qu'il était prêt à leur demander pardon, s'ils le voulaient, de ses folies et de ses brutalités ; qu'il souhaitait leur amitié de tout son cœur, et qu'il ne négligerait aucune occasion de les en convaincre ; qu'au reste il se résignait à ne pas revoir encore sa patrie de vingt ans.

Pour les Espagnols, ils dirent qu'en effet ils

avaient dans le commencement désarmé et exilé Atkins et ses compagnons à cause de leur mauvaise conduite, et qu'ils s'en rapportaient à moi pour décider s'ils l'avaient fait sans raison; mais qu'Atkins avait déployé tant de bravoure dans la grande bataille contre les sauvages, et qu'ensuite il avait donné tant de marques de l'intérêt qu'il prenait à toute la société, qu'ils avaient oublié tout le passé, et qu'ils le croyaient aussi digne d'être fourni d'armes et de tout ce qui lui était nécessaire que tout autre; qu'ils avaient déja fait voir jusqu'à quel point ils étaient satisfaits de lui, en lui confiant le commandement sous leur gouverneur; qu'ils avaient parfaitement, lui et ses compagnons, mérité leur confiance par tout ce qui peut porter les hommes à se fier les uns aux autres; enfin, qu'ils embrassaient avec plaisir l'occasion de m'assurer qu'ils n'auraient jamais d'autre intérêt que celui de toute la colonie.

Sur ces déclarations, qui paraissaient pleines de franchise et d'amitié, je les priai tous à dîner pour le lendemain, et véritablement je leur donnai un repas magnifique. Pour le faire préparer, je fis venir à terre le cuisinier du vaisseau et son compagnon, et je leur donnai pour aide le cuisinier qui était dans l'île. On apporta du vaisseau six pièces de bœuf et quatre de porc, une grande jatte de porcelaine pour faire du punch, avec les ingrédients nécessaires, dix bouteilles de vin rouge de Bordeaux, et dix bouteilles de bière d'Angleterre. Toutes ces douceurs furent d'autant plus agréables à mes convives, qu'ils n'avaient goûté rien de pareil depuis bien des années.

Les Espagnols ajoutèrent à nos mets cinq chevreaux entiers, que les cuisiniers firent rôtir, et dont on envoya trois bien couverts dans le vaisseau, afin que l'équipage se régalât de viande fraîche pendant que mes insulaires faisaient bonne chère avec les provisions salées du vaisseau.

Après avoir savouré avec eux tous les plaisirs innocents de la table, je fis porter à terre la cargaison que je leur avais destinée, et pour empêcher qu'il y eût des disputes sur le partage, j'ordonnai que chacun prît une portion égale de tout ce qui devait servir à les vêtir pour lors. Je commençai par leur distribuer autant de toile qu'il leur en fallait pour faire quatre chemises, et j'augmentai ensuite le nombre jusqu'à six, à l'instante prière des Espagnols. Rien au monde n'était capable de leur faire plus de plaisir; il y avait si long-temps qu'ils n'en avaient porté, que l'idée même leur en était presque sortie de la mémoire.

Je destinai les étoffes minces d'Angleterre à leur faire à chacun un habit long et peu serré, à cause de la chaleur du climat. J'ordonnai en même temps qu'on leur en confectionnât de nouveaux dès que ceux-ci seraient usés. Je donnai à peu près les mêmes ordres pour ce qui regardait les escarpins, les souliers, les bas et les chapeaux.

Il m'est impossible d'exprimer la joie qui éclatait dans les regards de tous ces pauvres gens en voyant le soin que j'avais pris de leur fournir tant de choses utiles et commodes. Ils me dirent que j'étais leur véritable père, et que tant que, dans un endroit si éloigné de leur patrie, ils auraient un correspondant comme moi, ils oublieraient qu'ils étaient dans un désert. Ils déclarèrent tous qu'ils s'engageaient à ne jamais abandonner l'île sans mon consentement.

Je leur présentai ensuite les ouvriers que j'avais amenés avec moi, surtout le tailleur, le serrurier, les deux charpentiers, et mon artisan universel, qui leur était plus utile que personne au monde. Le tailleur, afin de leur témoigner son zèle, se mit d'abord à travailler, et avec ma permission il commença par leur faire à chacun une chemise. En même temps il enseigna aux femmes la manière de manier l'aiguille, de coudre et de piquer, et les employa de suite à faire les chemises de leurs maris et de tous les autres.

Pour les charpentiers, il n'est pas nécessaire de dire de quelle utilité ils furent à ma colonie. Ils mirent d'abord en pièces tous mes meubles grossiers, et les remplacèrent en très-peu de temps par des tables fort propres, des chaises, des bois de lit, des buffets, etc.

Pour leur faire voir comment la nécessité avait instruit mes artisans, je menai mes charpentiers voir la maison d'Atkins. Ils m'avouèrent tous deux qu'ils n'avaient jamais vu pareil exemple de l'industrie humaine : l'un d'eux même, après avoir rêvé pendant quelques moments, se tournant de mon côté : « En vérité, dit-il, cet homme n'a pas besoin de nous ; il ne lui manque que des outils. »

Ce mot me fit souvenir de montrer ceux que j'avais apportés ; je distribuai à chaque homme une bêche, une pelle et un râteau, afin de suppléer à la charrue et à la herse. Je donnai encore à chaque colonie une pioche, un levier, une grande hache et une scie, en leur permettant d'en prendre de nouveaux dans le magasin général dès qu'ils seraient usés ou rompus.

J'avais mené avec moi à terre le jeune homme dont la mère était morte de faim, et la servante aussi. C'était une jeune fille douce, bien élevée et pieuse, dont la conduite charmait tout le monde : elle avait vécu sans beaucoup d'agrément sur le vaisseau, où il n'y avait point d'autre femme qu'elle ; mais elle s'était soumise à son sort avec beaucoup de résignation. Quand elle vit l'ordre qui régnait dans mon île, et l'air florissant qui y éclatait partout, considérant qu'elle n'avait aucune affaire dans les Indes orientales, elle me pria de la laisser dans l'île et de l'agréger comme un membre de ma famille. Le jeune homme m'adressa la même prière, et j'y consentis avec plaisir. Je leur donnai un petit terrain, où on leur fit trois tentes entourées d'ouvrages de vannier, construites comme la maison d'Atkins.

Ces tentes étaient liées ensemble d'une telle manière, que chacun avait son appartement, et que celle du milieu pouvait servir de magasin et de salle à manger pour l'usage de l'un et de l'autre. Les deux Anglais trouvèrent à propos de changer de demeure, et d'approcher davantage de ces nouveaux venus. C'est ainsi que l'île resta toujours partagée en trois colonies.

Les Espagnols, avec le père de Vendredi et les premiers esclaves, étaient toujours dans mon vieux château sous la colline, lequel devait passer à juste titre pour la capitale de mon empire : ils l'avaient tellement étendu, qu'ils y pouvaient vivre fort au large, quoique entièrement cachés, et je suis sûr qu'il n'y eut jamais au monde une petite ville dans un bois si parfaitement à l'abri de toute insulte. Mille hommes auraient parcouru toute l'île pendant un mois entier sans la trouver, à moins que d'être avertis qu'elle y était réellement. Les arbres qui l'entouraient étaient si serrés et leurs branches tellement entrelacées les unes dans les autres, qu'il aurait fallu les abattre pour voir le château; d'ailleurs, il devenait presque impossible de découvrir les deux petits chemins par lesquels les habitants eux-mêmes entraient et sortaient. L'un était tout au haut de la petite baie, à plus de deux cents verges derrière l'habitation; l'autre, encore plus caché, menait par-dessus la colline par le moyen d'une échelle. Ils avaient planté encore au-dessus de la colline un bois fort épais, d'un acre d'étendue, où il n'y avait pas la moindre ouverture, excepté une fort petite entre deux arbres, par laquelle on entrait de ce côté-là.

La seconde colonie était celle de Guillaume Atkins, de son compagnon et de la famille de leur camarade défunt. Dans celle-là demeuraient encore les deux charpentiers, et le serrurier, d'autant plus utile à tous les habitants qu'il était encore bon armurier, et capable par conséquent de tenir toujours en bon état les armes à feu : ils avaient avec eux mon artisan universel, qui valait, lui seul, vingt autres ouvriers. Ce n'était pas seulement un garçon fort industrieux, mais encore fort gai et fort divertissant, en sorte qu'on trouvait chez lui l'agréable et l'utile. Enfin la troisième colonie était celle des deux autres Anglais, du jeune homme et de la servante.

Cependant, pour en revenir à mon jeune religieux français qui avait voulu nous suivre, je trouvai en lui non seulement un homme bien élevé, mais encore un cœur bien placé, et, si j'ose le dire, du bon sens et une grande érudition.

Il me fit un récit très-intéressant de sa vie et des événements extraordinaires dont elle avait été comme tissue. Parmi ses nombreuses aventures pendant les deux années qu'il avait employées à voyager, la plus remarquable, à mon avis, était sa dernière course, dans laquelle il s'était vu forcé cinq fois de changer de vaisseau, sans que jamais aucun des cinq fût parvenu à l'endroit pour lequel il avait été destiné. Son premier dessein était d'aller à Saint-Malo dans un vaisseau prêt à faire ce voyage; mais, contraint par les mauvais temps d'entrer dans le Tage, le navire avait donné contre un banc, et l'on avait été obligé d'en retirer toute la cargaison. Dans cet embarras, il avait trouvé un vaisseau prêt à faire voile pour l'île de Madère, et il s'y était embarqué; mais le maître n'étant pas un fort excellent marin, s'était trompé dans son estime, et avait laissé dériver son navire jusqu'à Fial, où, par un heureux hasard, il avait trouvé une bonne occasion de se défaire de sa marchandise, qui consistait en grains. Ce bonheur l'avait fait résoudre à ne point aller à Madère, mais à charger du sel dans l'île de Mai, et à se diriger de là vers Terre-Neuve. Dans cette conjoncture, mon religieux n'avait pu que suivre la destinée du vaisseau, et le voyage avait été heureux jusqu'aux bancs où l'on prend le poisson: rencontrant là un vaisseau français destiné pour Québec, dans la rivière du Canada, et de là pour la Martinique, pour y porter des vivres, il avait cru trouver l'occasion d'exécuter son premier dessein; mais, après être arrivé à Québec, le maître du bâtiment étant mort, le vaisseau n'était pas allé plus loin. Se voyant traversé de cette manière, il s'était mis dans le vaisseau destiné pour la France, qui avait été consumé en pleine mer, et nous l'avions reçu à bord d'un navire destiné pour les Indes orientales. C'est ainsi qu'il avait échoué de suite en cinq voyages, qui étaient, pour ainsi dire, les parties d'une seule course, sans parler de ce qui lui arriva dans la suite.

Mais racontons l'heureux changement qui s'opéra dans l'île, grace à mon religieux. Comme il y était logé avec nous pendant tout le temps de mon séjour, il me vint voir un matin que j'avais résolu d'aller visiter la colonie des Anglais, qui était dans l'endroit le plus éloigné de l'île. Il me dit avec beaucoup de gravité que depuis quelques jours il avait attendu avec impatience l'occasion de m'entretenir, espérant que ce qu'il avait à me dire ne me déplairait pas, parce qu'il tendait à mon dessein général, la prospérité de ma colonie, et qu'il se flattait qu'une telle mesure y attirerait les bénédictions du ciel, dont jusqu'ici elle ne jouissait pas autant qu'il l'aurait souhaité.

Surpris de la fin de son discours, je lui répondis d'une manière assez précipitée : « Comment pouvez-vous avancer, monsieur, que nous ne jouissons pas des bénédictions du ciel, nous à qui Dieu a daigné accorder des secours si merveilleux et une délivrance si peu attendue, comme vous avez pu voir par le récit que je vous en ai fait ? »

« S'il vous avait plu, me répliqua-t-il d'une manière aussi prompte que modeste, d'attendre la fin de mon discours, vous n'auriez point eu lieu de vous fâcher contre moi et de me croire assez dépourvu de sens pour douter de l'assistance miraculeuse dont Dieu vous a favorisé. J'espère, par rapport à vous, que vous êtes en état de jouir des faveurs du ciel, parce qu'effectivement votre dessein est extrêmement bon ; mais, quand il serait encore meilleur, il peut y en avoir parmi vos gens dont les actions n'ont pas la même pureté. »

Son discours me toucha fort, et je lui dis que son raisonnement était juste, et que son dessein me paraissait si sincère et si plein de piété, que, mortifié de l'avoir interrompu, je ne pouvais que le prier de vouloir bien continuer. Persuadé que ce qu'il avait à me dire demandait quelque temps, je l'avertis de mon intention d'aller voir les plantations des Anglais, et je lui proposai de m'y accompagner et de m'expliquer ses vues en chemin. Il me répondit qu'il y consentait avec d'autant plus de plaisir que ce qu'il avait à me dire regardait ces mêmes Anglais. Là-dessus nous nous mîmes en route, et je le conjurai de me parler avec toute la franchise possible.

« Monsieur, me dit-il alors, mon dessein n'est pas que vous sépariez des couples unis depuis plusieurs années, mais que vous les fassiez épouser légitimement; et, puisqu'il serait difficile de leur inculquer ma méthode, quoique valable selon les lois de votre patrie, je vous crois qualifié devant Dieu et devant les hommes pour vous en acquitter vous-même par un contrat écrit, signé par les hommes et par les femmes devant tous les témoins qui peuvent se trouver dans l'île. Je ne doute pas qu'un pareil mariage ne passât pour légitime chez tous les peuples de l'Europe. »

J'étais surpris de trouver dans son discours tant de véritable piété, un zèle si sincère, et une impartialité si généreuse pour les intérêts de son église, enfin une si grande ardeur pour le salut de ces personnes, qu'il ne connaissait pas seulement, bien loin d'avoir la moindre relation avec elles. Je puis dire que je n'ai jamais vu une charité plus grande et plus délicate. Prêtant surtout attention à ce qu'il avait avancé touchant l'expédient de les marier moi-même, dont je connaissais toute la validité, je lui dis que je tombais d'accord de tout ce qu'il venait de dire, que je le remerciais de sa charité généreuse, et que je ferais la proposition de cette affaire à mes Anglais, mais que je ne voyais pas qu'ils dussent trouver le moindre scrupule à se faire marier par lui-même, sachant que la chose serait aussi valable en Angleterre que s'ils étaient mariés par un prêtre anglican.

Je le pressai ensuite de m'expliquer le reste

de ses scrupules, en le remerciant de mon mieux des lumières qu'il m'avait déja données concernant une question aussi importante.

Il me dit qu'il le ferait avec la même candeur, persuadé que je ne le trouverais pas mauvais.

Sa censure avait pour objet la négligence inexcusable de mes compatriotes, qui, ayant vécu avec leurs femmes l'espace de sept années, leur ayant enseigné à parler et à lire l'anglais, et, leur voyant de la pénétration et du jugement, n'avaient pas songé à leur dire un mot de la religion chrétienne, de l'existence d'un seul Dieu, et de la manière de le servir, bien loin de les en instruire à fond, et de les désabuser de la grossière absurdité de leur idolâtrie.

Il traita cette négligence de crime, dont non-seulement ils auraient à rendre compte devant le tribunal de Dieu, mais que peut-être, par une juste punition, ils ne trouveraient plus occasion de réparer, Dieu leur pouvant arracher ces femmes, dont il leur avait confié, pour ainsi dire, le salut.

« Je suis persuadé, continua-t-il avec beaucoup de ferveur, que s'ils avaient été obligés de vivre parmi les sauvages d'entre lesquels ils ont tiré leurs femmes, ces idolâtres auraient pris plus de peine pour les engager dans le culte de leurs idoles qu'ils n'en ont pris pour donner à leurs prisonniers la connaissance de Dieu. Quoique nous ne soyons pas de la même religion, monsieur, poursuivit-il, cependant, en qualité de chrétiens, nous devons être ravis de voir les païens instruits des principes généraux du christianisme, de les voir admettre un Dieu, un rédempteur, une résurrection, et une vie à venir : dogmes auxquels nous souscrivons tous. Ils seraient du moins alors plus près de la véritable église qu'à présent, qu'ils font une profession ouverte de l'idolâtrie. »

Ne pouvant plus résister à la tendresse que la vertu éclairée de cet honnête homme m'inspirait pour lui, je le serrai entre mes bras avec passion. « Combien n'ai-je pas été éloigné, lui dis-je, de bien connaître ce qu'il y a de plus essentiel dans les vertus chrétiennes, qui consistent à aimer l'église de Jésus-Christ et le salut du prochain! En vérité, j'ai ignoré jusqu'ici le caractère d'un vrai chrétien. — Ne parlez pas ainsi, mon cher monsieur, me répondit-il ; vous n'êtes point coupable de toutes ces négligences. — Il est vrai, répliquai-je; mais je n'ai pas pris ces sortes de choses à cœur comme vous. — Il est temps encore de remédier à tous ces inconvénients, repartit-il; ne soyez pas si prompt à vous condamner vous-même. — Mais que ferai-je? lui dis-je. Vous savez que mon départ ne saurait être différé. — Eh bien, me répondit-il, voulez-vous me permetttre de parler à ces pauvres gens? — De tout mon cœur, lui dis-je, et je ne négligerai rien pour appuyer de mon autorité tout ce que vous leur direz. — Pour ce qui regarde ce point, répliqua-t-il, nous devons les abandonner à la grace de Jésus-Christ. Notre devoir se borne à les instruire, à les exhorter, à les encourager : si vous voulez me laisser faire, et si le ciel daigne bénir mes faibles efforts, je ne désespère pas de porter ces ames ignorantes dans le sein du christianisme, et de leur faire embrasser les articles fondamentaux, dont nous convenons tous; j'espère même réussir pendant que vous serez encore dans l'île. »

Je le priai alors de passer au troisième article, sur lequel il s'était offert de m'éclaircir. « Cet article est de la même nature, me dit-il; il s'agit de vos pauvres sauvages, qui sont devenus vos sujets, pour ainsi dire, par le droit de la guerre. C'est une maxime qui devrait être reçue de tous les chrétiens, de quelque secte qu'ils puissent être, que la connaissance de notre sainte religion doit être étendue par tous les moyens honorables, et dans toutes les occasions.

« C'est sur ce principe que notre église envoie des missionnaires dans la Perse, les Indes, la Chine, et que nos prélats eux-mêmes s'engagent dans des voyages dangereux, et demeurent parmi des barbares et des meurtriers, pour leur donner la connaissance de Dieu, et les faire entrer dans le sein de l'église chrétienne. Vous avez ici toute prête l'occasion d'une pareille charité ; vous pouvez détourner de l'idolâtrie trente-sept sauvages, et les conduire à la connaissance d'un Dieu créateur et rédempteur. Auriez-vous le courage de négliger un pareil moyen d'exercer votre piété, et de faire une bonne œuvre, qui vaut la peine qu'un chrétien y emploie tout le temps de sa vie? »

Ces paroles me rendaient muet d'étonnement, et j'étais charmé d'avoir devant mes yeux un véritable modèle du zèle chrétien, quels que pussent être les sentiments particuliers de cet homme de bien. J'avoue que jamais pareille pensée ne m'était venue dans l'esprit, et sans lui j'aurais été peut-être incapable toute ma vie d'en avoir de semblables.

La confusion de mes pensées dura donc long-temps sans que je fusse en état de répondre un mot à son discours; il remarqua mon désordre, et me regardant d'un air sérieux: « Je serais au désespoir, me dit-il, d'avoir laissé échapper la moindre expression qui pût vous offenser. — Effectivement, lui répondis-je, je suis en colère, mais c'est contre moi-même. Je suis confus de n'avoir jamais formé quelque idée à ce sujet, et de ne pas savoir comment pourra servir la notion que vous m'en donnez à présent. Vous savez, continuai-je, dans quelles circonstances je me trouve. Le vaisseau où je suis est destiné pour les Indes; il est équipé par des marchands particuliers, et ce serait une injustice criante de l'arrêter plus long-temps ici, sachant que les provisions que consomme l'équipage et les gages qu'il tire jettent les marchands dans des dépenses inutiles. Il est vrai que j'ai stipulé de pouvoir demeurer douze jours ici, et si j'y demeure plus long-temps, de payer trois livres sterling par jour: cependant il ne m'est même permis de prolonger de cette manière-là mon séjour dans l'île que de huit jours. Je ne peux donc absolument entreprendre l'exécution d'un dessein si louable, à moins que de souffrir qu'on me laisse de nouveau dans l'île; et de m'exposer, si le vaisseau ne réussit pas dans le voyage, à rester ici toute ma vie, à peu près dans le même état d'où la Providence m'a tiré d'une manière si miraculeuse. »

Il m'avoua qu'il m'en coûterait beaucoup si je voulais exécuter cette entreprise, mais il s'en rapportait à ma conscience sur cette importante question, si le salut d'un si grand nombre d'ames ne valait pas la peine que je hasardasse tout ce que j'avais dans le monde. N'ayant pas le cœur aussi touché de cette vérité que lui : « Je conviens, monsieur, lui-dis-je, que c'est quelque chose de très-glorieux que d'être un instrument dans la main de Dieu pour convertir trente-sept païens à la connaissance de Jésus-Christ; mais vous êtes un ecclésiastique, votre vocation particulière vous porte naturellement de ce côté-là, et je m'étonne qu'au lieu de m'y exhorter, vous ne songiez pas vous-même à l'entreprendre. »

A ces mots, il s'arrêta tout-à-coup, se plaça devant moi, et me faisant un profond salut : « Je rends grace à Dieu et à vous, monsieur, me dit-il, de me donner, pour une œuvre si excellente, une vocation si manifeste. Si vous croyez être dispensé d'y mettre la main par la situation où vous vous trouvez, et si vous voulez bien vous confier à moi, je m'y livrerai avec la plus grande satisfaction, et je me croirai dédommagé de tous les malheurs de mon triste voyage, en me voyant employé dans un dessein si glorieux. »

Pendant qu'il parlait, je découvrais dans l'air de son visage une espèce d'extase; ses yeux brillaient d'un feu nouveau, ses joues étaient rouges, et cette couleur allait et venait comme on le voit arriver à un homme agité par différentes passions. Je me tus pendant quelque temps, faute de trouver des termes propres à exprimer mes sentiments; j'étais extraordinairement surpris de voir dans cet homme tant de zèle et tant de candeur, et un dévouement aussi surnaturel.

Après avoir réfléchi quelques moments, je lui demandai s'il parlait sérieusement; s'il était réellement résolu de s'enfermer dans ce désert peut-être le reste de sa vie, uniquement pour entreprendre la conversion de ces malheureux, et s'il était capable de s'y hasarder sans aucune espérance certaine de réussir dans cette entreprise.

« Qu'appelez-vous me hasarder? me répliqua-t-il vivement. Dites-moi, je vous prie, dans quelle vue vous croyez que j'aie pris la résolution de vous suivre aux Indes? — Je n'en sais rien, lui dis-je, à moins que ce ne soit pour aller prêcher l'Évangile aux Indiens. — Vous devinez juste, me répondit-il, et si je puis convertir ces trente-sept sauvages à la foi de Jésus-Christ, pensez-vous que je n'aurai pas bien employé mon temps quand je devrais être enterré ici? Le salut de tant d'ames ne vaut pas seulement toute ma vie, mais encore celle de vingt autres de ma profession. Oui, oui, monsieur, je bénirais toujours Jésus-Christ si je pouvais être le moindre instrument du salut de tant d'ames, quand je ne devrais jamais revoir ma patrie. Mais puisque vous voulez me faire l'honneur de m'employer à ce saint ouvrage, ce qui me portera à prier pour vous tous les jours de ma vie, j'espère que vous ne me refuserez pas une seule grace que je vous demanderai, c'est de me laisser Vendredi, afin de me seconder, et de me servir d'interprète, car vous savez que sans un pareil secours il m'est impossible d'entrer en conversation avec ces pauvres idolâtres. »

Je fus fort troublé à cette demande, ne pouvant me résoudre à me séparer de ce fidèle domestique, pour plusieurs raisons. Il avait été mon compagnon dans tous mes voyages; non-seulement il était plein de franchise, mais il m'aimait avec toute la tendresse possible, et j'avais résolu de faire quelque chose de considérable pour sa fortune, s'il me survivait, ce qui était très-présumable. D'ailleurs, comme je lui avais fait embrasser la religion protestante, il aurait couru risque de ne savoir plus où s'en tenir, si l'on s'était efforcé de lui donner d'autres idées; bien persuadé que, quelque chose qu'on pût lui dire, il ne se mettrait jamais dans l'esprit que son bon maître fût un hérétique, et dût être damné. De nouvelles instructions auraient pu être le vrai moyen de le faire renoncer à ses principes, et de le rejeter dans l'idolâtrie.

Une pensée qui me vint tout d'un coup me tranquillisa ; je déclarai à mon religieux que je ne pouvais dire avec sincérité que j'étais prêt à me défaire de Vendredi, par quelque motif que ce pût être, quoique naturellement je ne dusse pas me faire une affaire de sacrifier l'usage d'un domestique à cette charité à laquelle il sacrifiait sa vie même ; que ce qui m'en détournait le plus était la persuasion où j'étais que Vendredi ne consentirait jamais à me quitter, et que je ne pouvais pas l'y forcer sans une injustice criante, puisqu'il y aurait une affreuse dureté à éloigner de moi un homme qui avait bien voulu s'engager solennellement à ne m'abandonner jamais.

Cette réponse l'embarrassa fort ; il lui était impossible de communiquer ses pensées à ces pauvres sauvages, pour qui son langage était aussi barbare que le leur l'était pour lui. Afin de remédier à cet inconvénient, je lui dis que le père de Vendredi avait appris l'espagnol, qu'il l'entendait aussi lui-même, et que par conséquent ce vieillard pouvait lui servir d'interprète.

Il fut fort satisfait de cette proposition, et rien n'était désormais capable de le détourner de ce dessein; mais la Providence donna un autre tour à cette affaire, et la fit réussir par un autre moyen.

Quand nous fûmes arrivés à l'habitation des Anglais, je les fis tous assembler, et après leur avoir mis devant les yeux tout ce que j'avais fait pour leur rendre la vie agréable, ce dont ils témoignèrent une grande reconnaissance, je commençai à leur parler de la vie scandaleuse qu'ils menaient; je leur dis qu'un ecclésiastique de mes amis traitait leur conduite de criminelle et d'impie. Je leur demandai ensuite si, en contractant ces liaisons illicites, ils étaient déja mariés, ou non. Ils me répondirent que deux d'entre eux étaient veufs, et que les trois autres étaient encore garçons. Je continuai à leur demander s'ils avaient cru pouvoir en conscience avoir commerce avec ces femmes, et les appeler leurs épouses sans être mariés légitimement. Ils me répondirent, comme je m'y étais bien attendu, qu'il n'y avait eu personne pour les marier; mais qu'ils s'étaient engagés devant le gouverneur à les prendre en qualité d'épouses légitimes; et que, selon eux, dans les circonstances où ils se trouvaient alors, ce mariage était aussi légitime que s'il eût été contracté devant un prêtre, et avec toutes les formalités requises.

Je leur répliquai que sans doute ils étaient mariés réellement par rapport à Dieu, et qu'ils étaient obligés en conscience de regarder leurs prisonnières comme leurs légitimes épouses: mais que n'étant pas mariés selon les lois humaines, ils pouvaient, s'ils voulaient, abandonner leurs femmes et leurs enfants, ce qui mettrait leurs malheureuses familles, dépourvues de bien et d'amis, dans un état déplorable; qu'en conséquence, je ne pouvais rien faire pour eux, à moins que d'être convaincu de la bonté de leurs intentions; et que je serais obligé de tourner toute ma charité du côté de leurs enfants. Je leur dis encore que s'ils ne m'assuraient pas qu'ils étaient prêts à épouser ces femmes, il m'était impossible de les laisser ensemble dans une liaison criminelle et scandaleuse qui devait indubitablement éloigner d'eux la bénédiction de Dieu.

Atkins, prenant alors la parole pour tous les autres, me répondit qu'ils avaient autant d'amour pour leurs femmes que si elles étaient nées dans leur patrie, et que rien ne les porterait jamais à les abandonner; et que, pour lui en particulier, si on lui offrait de le ramener en Angleterre, et de lui donner le commandement du plus beau vaisseau de guerre, il le refuserait, à moins qu'on ne lui permît de prendre sa famille avec lui; et que s'il y avait un ecclésiastique dans le vaisseau, il se marierait dans le moment de tout son cœur.

C'était là justement où je l'attendais: le prêtre ne se trouvait pas alors avec moi, mais il n'était pas loin. Je répondis à Atkins qu'effectivement j'avais un homme d'église avec moi, que je les voulais faire marier le lendemain, et qu'il n'avait qu'à en délibérer avec ses camarades. « Je n'ai que faire de délibération, dit-il, je suis prêt, si le ministre est prêt de son côté; et je suis sûr que tous mes compagnons sont de mon sentiment. » J'ajoutai que mon ami, le ministre, était Français, et qu'il ne savait pas un mot de la langue anglaise, mais que je m'offrais à lui servir d'interprète. Il ne songea pas seulement à me demander s'il était papiste ou protestant, ce que j'avais extrêmement craint. Nous nous séparâmes; j'allai rejoindre mon prêtre, et Atkins alla se consulter sur cette affaire avec ses camarades.

Je communiquai au religieux la réponse que mes gens m'avaient donnée, et je le priai de ne leur en parler que quand l'affaire serait en état d'être conclue.

Avant que je pusse m'éloigner de leur plantation, ils vinrent me trouver tous en corps, et me dirent qu'ils avaient mûrement considéré ma proposition; qu'ils étaient ravis que j'eusse un homme d'église avec moi; et qu'ils étaient prêts, dès que je le trouverais bon, à me donner la satisfaction de se marier dans les formes, car ils étaient fort éloignés d'avoir la moindre envie de quitter leurs femmes, et ils n'avaient eu que des intentions droites en les choisissant. Je leur ordonnai de me venir trouver tous le lendemain, et d'instruire leurs épouses, en attendant, de la nature d'un mariage légitime, qui devait les assurer de leurs maris, et leur ôter la crainte d'en être abandonnées, quelque chose qui pût arriver.

Il ne fut pas difficile de faire comprendre cette affaire aux femmes et de la leur faire goûter. Ils ne manquèrent pas de venir le lendemain à mon appartement, et je trouvai à propos alors de produire mon homme d'église. Ils ne doutèrent point de ses titres requis pour une telle œuvre dès qu'ils virent sa gravité et la répugnance qu'il avait à marier ces femmes avant qu'elles fussent baptisées et qu'elles eussent embrassé la religion chrétienne. Cette délicatesse de conscience leur donna un respect extraordinaire pour lui.

Pour moi, je commençai à craindre qu'il ne poussât ses scrupules assez loin pour ne les pas marier du tout; j'avais beau l'en vouloir détourner, il me résista avec fermeté, quoique avec modestie; et enfin il refusa absolument d'aller plus loin avant d'avoir pressé là-dessus les hommes et les femmes. J'avais peine d'abord à y consentir, mais enfin j'en tombai d'accord, parce que je voyais la sincérité de son intention.

Ses premières paroles furent que je l'avais instruit de leur situation et de leur dessein, qu'il désirait fort de l'accomplir et de les marier comme ils le souhaitaient; mais qu'avant de le faire, il devait absolument avoir une conversation sérieuse avec eux. « Il ne m'est pas permis, continua-t-il, de marier des chrétiens à des sauvages qui n'ont point reçu le baptême, et je ne vois pas que vous ayez le temps de persuader à vos femmes de se faire baptiser et d'embrasser le christianisme, dont elles n'ont jamais peut-être entendu parler, ce qui rend leur baptême impossible. »

« Bon Dieu! dit Guillaume Atkins, comment enseignerions-nous la religion à nos femmes? Nous n'y entendons rien nous-mêmes.—Atkins, lui répondis-je, je crains bien que tout ce que vous venez de dire ne soit que trop vrai : mais cela n'empêche pas que vous ne puissiez donner quelques idées de religion à votre femme; vous pouvez lui dire qu'il y a un Dieu et une religion meilleure que la sienne; qu'il y a un être souverain qui a fait tout et qui peut tout détruire; qu'il récompense les bons, qu'il punit les méchants, et qu'il nous jugera tous selon notre conduite. Quelque ignorant que vous soyez, la nature elle-même doit vous avoir enseigné ces vérités, et je suis sûr que vous en êtes pleinement convaincu. »

« Vous avez raison, dit Atkins, mais de quel front le dirai-je à ma femme? Elle me répondra d'abord qu'il n'y a pas un mot de vérité dans tout ce discours. »

« Pas un mot de vérité! lui répliquai-je brusquement; que prétendez-vous dire par là? — Oui, monsieur, répliqua-t-il, elle me dira que tout cela ne saurait être, et qu'il est impossible que Dieu soit juste dans ses récompenses et dans ses punitions, puisque je ne suis pas puni depuis long-temps, moi qui ai donné tant de marques de méchanceté à ma femme même et à toutes les personnes avec qui j'ai eu quelque commerce. Elle ne comprendra jamais comment Dieu peut me laisser vivre encore, après m'avoir toujours vu agir d'une manière directement opposée à ce que je lui dois représenter comme la vertu et comme la règle de mes actions. »

« Certainement, Atkins, lui dis-je, je crains bien que vous n'ayez raison ; » et me tournant alors du côté de l'ecclésiastique, fort impatient de savoir le résultat de notre entretien, je lui communiquai les réponses de Guillaume.

« Monsieur, me dit-il, dites à Atkins que je sais un moyen sûr de le rendre un excellent prédicateur pour sa femme, c'est de se convertir lui-même ; car il faut être véritablement repentant pour prêcher avec fruit la repentance. S'il peut regarder ses péchés passés avec une véritable contrition, il sera mieux qualifié pour convertir sa femme que qui que ce puisse être. Il sera propre alors à lui persuader que Dieu est un juge équitable par rapport au bien et au mal, un être miséricordieux, dont la bonté et la patience infinie diffèrent la punition du coupable pour lui donner le temps d'avoir recours à sa grace ; qu'il ne veut pas la mort du pécheur, mais qu'il se repente et qu'il vive ; qu'il souffre même que les scélérats les plus abominables prospèrent long-temps dans leurs mauvais desseins, et qu'il réserve leur châtiment jusqu'à la vie à venir; que c'est une preuve évidente d'une vie future; et qu'enfin souvent les gens vertueux ne reçoivent leur récompense, et les méchants leur punition, que dans l'autre monde. Cette réflexion lui donnera une occasion naturelle d'enseigner à sa femme le dogme de la résurrection et du dernier jugement. Encore un coup, qu'il se repente lui-même, et je suis garant de la conversion de sa femme. »

J'expliquai tout ce discours à Atkins, qui l'écouta d'un air fort sérieux, et qui en parut extrêmement touché, ne pouvant souffrir qu'avec peine que j'allasse jusqu'à la fin. « Je sais tout cela, monsieur, me dit-il, et je sais plus encore; mais je n'ai pas l'effronterie de parler là-dessus à ma femme, sachant que Dieu, ma conscience et mon épouse témoigneront que j'ai vécu jusqu'ici comme si je n'avais jamais entendu parler de Dieu, d'une vie future ou de quelque autre matière semblable. Pour ce que vous dites touchant ma conversion, hélas!....» Là-dessus il poussa de profonds soupirs, et je vis ses yeux se remplir de larmes. « Ah! monsieur, reprit-il, c'est une affaire faite; il n'en faut plus parler. — Une affaire faite, Atkins! lui dis-je. Qu'entendez-vous par là? — Je sais bien ce que j'entends, me répondit-il; je veux dire qu'il n'en est plus temps, et cela n'est que trop vrai. »

Je traduisis au prêtre mot à mot ce qu'Atkins venait de dire; et ce religieux zélé, qui, malgré les opinions particulières de son église, avait tant de soin du salut d'autrui, qu'il serait absurde de croire qu'il fût indifférent sur le sien propre, ne put s'empêcher de verser quelques larmes. Mais s'étant remis, il me pria de demander à Atkins s'il était bien aise que le temps de sa conversion fût passé, ou bien s'il en était touché, et s'il souhaitait sincèrement de se tromper là-dessus. « Quelle demande! dit Atkins avec beaucoup de passion. Comment est-il possible qu'un homme soit content de se trouver dans un état qui ne peut finir que par des peines éternelles? Je suis si éloigné d'en avoir de la joie, que je crains bien que le désespoir ne me porte un jour à me couper la gorge, pour mettre fin à la crainte qui me donne de si mortelles inquiétudes. »

Le religieux, à qui je rapportai les tristes paroles du pauvre Atkins, demeura pensif pendant quelques moments; mais revenant bientôt de sa méditation : « S'il se trouve véritablement dans cette situation, me dit-il, assurez-le qu'il a encore le temps de se convertir, et que Jésus-Christ mettra le repentir dans son ame. Dites-lui en même temps que personne n'est sauvé que par le mérite et par la mort de Jésus-Christ, qui donne accès au trône de la grace, et que par conséquent il n'est jamais trop tard pour ceux qui y recourent sincèrement. Pense-t-il qu'un pécheur soit jamais capable de se mettre par ses crimes hors de la portée de la miséricorde divine? Dites-lui encore, je vous prie, que quand il serait vrai que la grace de Dieu lassée, pour ainsi dire, de s'offrir si souvent en vain, se retire quelquefois entièrement d'un pécheur obstiné, il n'est jamais trop tard néanmoins pour l'implorer; et que les ministres de l'Évangile ont un ordre général de prêcher la grace au nom de Jésus-Christ à tous ceux qui se repentent sincèrement. »

Atkins, m'ayant écouté avec attention et d'une manière très-sérieuse, ne répondit rien; mais il me dit qu'il allait parler à sa femme, et il se retira dans le moment même. J'adressai cependant les mêmes discours aux autres, et je remarquai qu'ils étaient tous ignorants jusqu'à la stupidité dans les matières de la religion, comme je l'étais lorsque je quittai mon père pour aller courir le monde. Cependant ils m'écoutèrent tous d'un air très-attentif, et ils me promirent fortement de parler à leurs femmes, et de ne négliger rien pour leur faire embrasser le christianisme.

Quand je rapportai leur réponse au prêtre, il me regarda en souriant et en secouant la tête. « Nous qui sommes les serviteurs de Jésus-Christ, dit-il, nous ne pouvons qu'instruire et exhorter; quand les gens reçoivent nos instructions et promettent de les suivre, nous avons fait tout ce que nous sommes capables de faire, et nous sommes obligés de nous contenter de leurs promesses. Mais croyez-moi, continua-t-il, quels que puissent être les crimes passés de cet Atkins, je pense que c'est le seul de la troupe qui se repente sincèrement. Je ne désespère pas des autres, mais je crois cet homme-là véritablement touché des égarements de sa vie passée. Je suis sûr que, quand il parlera de religion à sa femme, il commencera par se convertir lui-même, car on n'apprend jamais mieux que quand on s'efforce d'enseigner aux autres. Si ce pauvre Atkins commence une fois à parler de Jésus-Christ à sa femme, je parierais ma vie qu'il sera sensiblement touché de ses propres discours, et se repentira réellement, ce qui pourrait avoir de très-bonnes suites. »

Sur la promesse que les autres Anglais lui firent de travailler à la conversion de leurs femmes, il les maria, en attendant qu'Atkins vînt avec la sienne. Il était fort curieux de savoir où ce dernier s'en était allé, et, se tournant vers moi : « Je vous conjure, me dit-il, sortons de votre labyrinthe pour nous promener; je suis persuadé que nous trouverons quelque part ce pauvre Atkins en conversation avec sa femme, et occupé à lui enseigner quelques dogmes de la religion. » Je le voulus bien, et je le menai par un chemin qui n'était connu que de moi, où les arbres étaient tellement épais, qu'il était difficile de voir de dehors ce qui se passait où nous étions. Quand nous fûmes au coin du bois, nous vîmes Atkins et sa femme assis à l'ombre, et engagés dans la conversation la plus sérieuse. J'en avertis mon religieux, et nous le considérâmes pendant quelque temps avec attention pour juger de leurs discours par leurs attitudes.

Nous vîmes qu'il lui montrait du doigt successivement le soleil, tous les côtés du ciel, la mer, les bois, lui-même et sa femme. « Vous le voyez, me dit le prêtre, il lui fait un sermon; il lui dit, selon toutes les apparences, que Dieu a fait le ciel, la terre, la mer, etc. »

Immédiatement après, nous le vîmes se lever, se jeter à genoux, et tendre ses deux mains vers le ciel; nous supposâmes qu'il parlait tout haut, mais nous étions trop loin pour en rien entendre. Après être resté dans cette attitude une demi-minute, il revint près de sa femme, et se mit à l'entretenir de nouveau. Nous la vîmes fort attentive, sans savoir si elle parlait à son tour ou non. Tandis que son mari était à genoux, j'avais vu de grosses larmes couler sur les joues du prêtre, et moi-même j'avais eu toutes les peines du monde à m'empêcher d'en verser. Ce qui nous chagrina beaucoup, c'était l'impossibilité d'entendre quelques expressions de sa prière. Néanmoins nous ne voulûmes pas approcher davantage, de peur de l'interrompre, et nous nous contentâmes de certains gestes qui nous faisaient assez comprendre le sens de la conversation. S'étant assis de nouveau, comme je l'ai déja dit, Atkins continua de parler à sa femme d'une manière très-pathétique. D'autres fois nous le voyions tirer son mouchoir, et essuyer les yeux de sa femme. Nous le vîmes ensuite se lever tout d'un coup, lui donner la main pour se lever aussi, et, l'ayant menée à quelques pas de là, se mettre à genoux avec elle et y demeurer pendant quelques minutes.

A ce spectacle, mon ami ne fut plus le maître de son zèle. Il s'écria à haute voix : « O saint Paul, saint Paul, les voilà qui prient Dieu ensemble! » J'eus peur qu'Atkins ne l'entendît, et je le conjurai de se modérer pendant quelques moments, afin que nous pussions voir la fin d'une scène si touchante. Jamais il ne m'en parut de plus propre à émouvoir le cœur, et en même temps de plus agréable. Mon prêtre se retint en effet, mais il marqua par son air une sorte d'extase de joie de voir cette malheureuse païenne prête à entrer dans notre sainte religion. Tantôt il pleurait; tantôt il priait pour remercier Dieu d'une preuve si manifeste du succès merveilleux de nos desseins; quelquefois il levait les mains vers le ciel, tantôt il faisait le signe de la croix, tantôt il parlait à voix basse et quelquefois haut; ses actions de graces étaient tantôt en latin, tantôt en français; et souvent les pleurs étouffaient sa voix, de manière que ce qu'il disait ne ressemblait pas à des sons articulés.

Je le conjurai de nouveau de se tranquilliser, afin que nous pussions examiner ensemble et avec attention tout ce qui se passait sous nos yeux. La scène n'était pas encore finie, et après qu'ils se furent relevés, nous vîmes encore Atkins adresser la parole à sa femme avec toutes les marques d'une très-grande ferveur.

Nous conjecturâmes, par ses gestes, qu'elle était fort touchée de ses discours; elle levait les mains, les croisait sur sa poitrine, et se mettait dans plusieurs autres attitudes convenables à un cœur touché et à un esprit attentif. Ces mouvements continuèrent pendant un demi-quart d'heure, puis ils s'en allèrent, de sorte qu'il fallut mettre des bornes à notre curiosité.

Je profitai de cet intervalle pour parler à mon religieux, et pour lui dire que j'étais charmé de ce que nous venions de voir; que, bien que je ne fusse pas fort crédule sur ces conversions subites, je croyais pourtant qu'il n'y avait ici que de la sincérité, quelle que pût être l'ignorance de l'homme et de la femme, et que j'attendais une heureuse fin d'un si heureux commencement. « Que sait-on, dis-je, si ces deux sauvages, par la voie de l'instruction et de l'exemple, n'influeront pas sur la conversion de quelques autres ? »

« De quelques autres ! me répondit-il avec précipitation ; oui, de tous généralement. Fiez-vous-en à moi ; si ces deux sauvages, car le mari ne l'a été guère moins que la femme, se rendent à Jésus-Christ, ils ne cesseront jamais de s'attacher à la conversion des autres. La véritable religion est communicative, et celui qui est devenu réellement chrétien ne laissera pas un seul païen dans l'erreur s'il espère l'en pouvoir tirer. » Je lui avouai que son sentiment était fondé sur un principe très-chrétien, et que c'était une preuve d'un cœur fort généreux.

Enfin j'admirais de plus en plus ce pieux ecclésiastique à mesure que j'étais convaincu par la force de son raisonnement, et je me mis d'abord dans l'esprit que si une pareille modération était générale parmi les hommes, nous pourrions être tous chrétiens catholiques, quelle que pût être la différence de nos sentiments particuliers, et que cet esprit de charité nous conduirait bientôt tous aux mêmes principes.

Comme Atkins et sa femme n'étaient plus

dans cet endroit, nous n'avions aucune raison pour nous y arrêter. Nous revînmes donc sur nos pas; déja ils nous attendaient. Quand je les vis, je demandai au prêtre s'il trouvait à propos de leur découvrir que nous les avions vus dans le bosquet. Ce ne fut pas là son avis; il voulait lier conversation avec Atkins, pour voir ce qu'il nous dirait de son propre mouvement. Là-dessus nous le fîmes entrer, sans permettre que personne y fût que nous trois, et voici quel fut notre entretien :

Robinson. Je vous prie, Atkins, dites-moi quelle éducation avez-vous eue? de quelle profession était votre père?

Atkins. Un plus honnête homme que je ne serai de ma vie; c'était un ecclésiastique, monsieur.

R. Quelle éducation vous a-t-il donnée?

A. Il n'a rien négligé pour me porter à la vertu, mais j'ai méprisé ses préceptes et ses réprimandes, comme une véritable bête féroce que j'étais.

R. Salomon dit effectivement que celui qui méprise la correction est semblable aux bêtes.

A. Hélas ! monsieur, je n'ai été que trop semblable aux bêtes les plus cruelles, puisque j'ai assassiné mon pauvre père. Ah ! mon Dieu! monsieur, n'en parlons plus; j'ai tué mon propre père !

Le prêtre, à qui j'interprétais tout mot à mot, recula à ces dernières paroles, et, devenant pâle comme la mort, s'écria : « O ciel ! un parricide ! »

R. J'espère, Atkins, qu'il ne faut pas prendre à la lettre ce que vous venez de dire: auriez-vous tué réellement votre père ?

A. Il est bien vrai que je ne lui ai pas plongé un poignard dans le sein ; mais j'ai abrégé ses jours en lui ôtant toute sa consolation et en empoisonnant tous ses plaisirs. Je l'ai tué, monsieur, en répondant par la plus noire ingratitude à la tendresse la plus forte que jamais père eut pour son fils.

R. Tranquillisez-vous, Atkins, je ne vous ai pas adressé cette question pour vous arracher l'aveu que vous venez de faire; je prie Dieu de vous en donner un sincère repentir, comme de tous vos autres péchés. Je vous l'ai faite seulement parce que je m'aperçois que, quoique vous ne soyez pas extrêmement éclairé, vous ne laissez pas d'avoir une idée de la religion et de la morale, et que vous en savez plus que vous n'en avez pratiqué.

A. Ce n'est pas vous qui m'avez arraché cet aveu, monsieur, c'est ma conscience. Quand nous commençons à jeter la vue sur nos péchés passés, il n'y en a point qui nous touchent plus sensiblement que ceux que nous avons commis contre des parents pleins d'indulgence. Il n'y en a point qui fassent une impression plus profonde et qui nous accablent davantage.

R. Il y a dans votre discours quelque chose de si pathétique, Atkins, que je ne saurais l'entendre sans me troubler.

A. Et pourquoi vous troubleriez-vous, monsieur? des sentiments comme les miens vous doivent être absolument étrangers.

R. Non, non, Atkins, tout ce rivage, chaque arbre, chaque colline de cette île, est un témoin des inquiétudes affreuses que m'a causées le souvenir de l'ingratitude que j'eus dans ma première jeunesse pour les soins d'un père aussi tendre que paraît avoir été le vôtre. J'ai tué mon père aussi bien que vous, mon pauvre Atkins; mais je crains fort que votre repentir ne surpasse de beaucoup le mien.

J'en aurais dit davantage si j'eusse été le maître de ma douleur; le repentir d'Atkins me paraissait l'emporter si fort sur le mien, que je n'étais plus en état de soutenir cette conversation. Je voyais que cet homme, que j'avais appelé pour lui donner des leçons, m'en donnait à moi-même de fort touchantes, auxquelles naturellement je ne devais pas m'attendre.

Le jeune prêtre, à qui je communiquai tout ce discours, en fut très-ému. « Eh bien! me dit-il, ne vous ai-je pas averti d'avance que, dès que cet homme-là serait converti, il deviendrait notre prédicateur? Je vous assure, monsieur, que s'il persévère dans sa repentance, je serai inutile ici, et qu'il fera des chrétiens de tous les habitants de l'île. »

Me tournant alors de nouveau du côté d'Atkins: D'où vient, lui dis-je, que précisément dans ce moment-ci vos péchés vous touchent si fortement?

A. Hélas! monsieur, vous m'avez mis à un ouvrage qui m'a percé le cœur. Je viens de parler à ma femme de Dieu et de la religion, afin de lui faire goûter le christianisme, et elle m'a fait un sermon elle-même, qui ne me sortira jamais de l'esprit tant que je vivrai.

R. Ce n'est pas votre femme qui vous a prêché, mon cher Atkins; votre conscience vous a inspiré à vous-même les arguments dont vous vous êtes servi.

A. Il est vrai, monsieur, ma conscience me les a inspirés avec une force à laquelle il m'a été impossible de résister.

R. Informez-nous de ce qui vient de se passer entre vous et votre femme; j'en sais déja quelque chose.

A. Ah, monsieur! il ne m'est pas possible de vous en rendre un compte exact; quoique j'en sois pénétré, je ne saurais pourtant trouver des termes pour m'expliquer comme il faut; mais qu'importe dans le fond? il suffit que j'en sois touché et que j'aie pris une ferme résolution de réformer ma vie.

R. Mais encore, Atkins, dites-nous-en quelque chose; par où avez-vous entamé la conversation? Le cas est tout-à-fait extraordinaire; certainement si votre femme vous a porté à une résolution si louable, elle vous a fait effectivement un excellent sermon.

A. J'ai débuté par la nature de nos lois sur le mariage, qui tendent à lier l'homme et la femme par des nœuds indissolubles. Je lui ai fait entendre que, sans de pareilles lois, l'ordre ne pouvait être maintenu dans la société; que les hommes abandonneraient leurs familles, et qu'ils se mêleraient confusément avec d'autres femmes, ce qui troublerait toutes les successions, et rendrait tous les héritages incertains.

R. Comment! Guillaume, vous parlez comme un docteur en droit. Mais avez-vous pu lui faire comprendre ce que c'est qu'héritages et familles?

A. J'y suis parvenu après bien des efforts,

et cependant elle a la meilleure volonté du monde...

Pour abréger une aussi édifiante histoire, je dirai que le récit de la double conversion d'Atkins et de sa femme nous toucha beaucoup; mais le jeune prêtre y fut surtout sensible. D'un côté il était ravi de joie, mais de l'autre cruellement mortifié de ne pas entendre l'anglais, afin de pouvoir parler lui-même à cette femme qui avait de si excellentes dispositions. Revenu de ses réflexions, il se tourna vers moi en me disant qu'il y avait plus à faire avec cette femme que de la marier. Je ne le compris pas d'abord, mais il s'expliqua en me disant qu'il croyait qu'il fallait la baptiser.

J'y consentis; et lui, voyant que je me hâtais d'en ordonner les préparatifs, « Patience, monsieur, me dit-il : mon sentiment est qu'il faut la baptiser absolument; son mari l'a décidée à embrasser le christianisme; il lui a donné des idées justes de l'existence d'un Dieu, de son pouvoir, de sa justice et de sa clémence; mais il faut que je sache, avant que d'aller plus loin, s'il lui a dit quelque chose de Jésus-Christ et du salut qu'il nous a procuré par sa mort. »

J'appelai Atkins, et je le lui demandai. Il se mit à pleurer, en disant qu'il en avait dit quelque chose, mais fort superficiellement; qu'il était un homme si criminel, et que sa conscience lui reprochait avec tant de force sa conduite impie, qu'il tremblait à la seule idée que la connaissance que sa femme avait de sa mauvaise vie ne lui donnât du mépris pour tous ces dogmes sacrés et importants; mais qu'il était sûr que son esprit était tellement disposé à recevoir les impressions de toutes ces vérités, que si je voulais bien lui en parler, je réussirais facilement à l'en persuader, et que je n'y perdrais ni mon temps ni mes peines.

En conséquence je la fis venir, et, m'étant placé entre elle et le prêtre pour servir d'interprète, je le priai d'entrer en matière; c'est ce dont il s'acquitta avec tout le zèle et la sincérité d'un vrai chrétien.

Enfin il réussit à porter cette pauvre femme à embrasser la connaissance du Sauveur et de la rédemption, non-seulement avec surprise et avec étonnement, comme elle avait reçu d'abord les notions de Dieu et de ses attributs, mais encore avec joie, avec foi, et avec un degré de lumière qu'on aurait de la peine à s'imaginer, bien loin de pouvoir en donner une idée juste.

La cérémonie du baptême achevée, il la maria, et, se tournant ensuite du côté d'Atkins, il l'exhorta d'une manière très-pathétique, non-seulement à persévérer dans ses bonnes dispositions, mais encore à répondre par une sainte vie aux lumières qui venaient d'être répandues dans sa conscience. Il lui dit qu'il ferait en vain profession de se repentir, si actuellement il ne renonçait à tous ses crimes. Il lui représenta que, puisque Dieu lui avait fait la grace de se servir de lui comme d'un instrument pour la conversion de sa femme, il devait bien prendre garde de ne pas rendre inutile cette faveur du ciel.

Il ajouta un grand nombre d'autres excellentes leçons, et, les recommandant l'un et l'autre à la bonté divine, il leur donna sa bénédiction de nouveau, se servant toujours de moi comme de son interprète; ainsi finit toute la cérémonie.

Pour mon religieux, il n'avait pas encore rempli tous ses pieux desseins; ses pensées continuaient toujours à rouler sur la conversion des trente-sept sauvages, et il serait resté de tout son cœur dans l'île pour y travailler; mais je lui fis voir que son entreprise était impraticable, et que je trouverais peut-être moyen de la faire réussir sans qu'il fût besoin qu'il s'en mêlât.

FIN DU TOME TROISIÈME.

La Collection des meilleurs romans français et étrangers formera *Cent volumes fixes* (non compris le Walter Scott), de 230 pages environ, à *Un franc le volume* pour les souscripteurs à la Collection entière, et *Un franc* 25 *cent.* séparément.

NOMS DES AUTEURS

COMPOSANT LA COLLECTION.

Romans Français.

Mmes Cottin (œuvres complètes), 13 vol. — De Graffigny, 1 vol. — De Lafayette, 2 vol. — Riccoboni, 2 vol. — De Staël, 5 vol. — De Tencin, 1 vol. — Cazotte, 2 vol. — Fénélon, 3 vol. — Florian, 4 vol. — Hamilton, 2 vol. — Le Sage, 8 vol. — Marivaux, 5 vol. — Marmontel, 4 vol. — Mirabeau, 3 vol. Montesquieu, 3 vol. — L'abbé Prévost, 2 vol. — J. J. Rousseau, 6 vol. — Scarron, 4 vol. — Tressan, 7 vol.

Romans Etrangers.

Miss Burney, 4 vol. — Fielding, 5 vol. — Daniel Foë, 4 vol. — Goëthe, 2 vol. — Goldsmith, 2 vol. — Miss Inchbald, 2 vol. — Johnson, 2 vol. — Sterne, 1 vol. — Swift, 3 vol. — Walter Scott (chefs-d'œuv.)

www.ingramcontent.com/pod-product-compliance
Lightning Source LLC
LaVergne TN
LVHW010555110826
845149LV00003B/668